JN015255

探究読本

鉄道ダイヤ

安全・利便な
究極の運行計画は
いかに描かれるか

井上孝司

河出書房新社

ダイヤグラムを読み解けば
鉄道の楽しみがもっと広がる！◉はじめに

　本書は2023（令和５）年に刊行した『図説 鉄道配線探究読本』の姉妹本という位置づけにある。

　前著で取り上げた「線路」は列車を走らせるためにあるが、その線路に、どのように列車を走らせるか——すなわち「運行計画の策定」は、鉄道事業社にとって「商品」の出来を左右する問題となる。

　鉄道事業は、煎じ詰めると「人や貨物を、より早く、より効率的に移動する」事業だ。だからこそ、それを実現する手段となる車両と運行計画こそが重要になる。

　しかし、理想どおりの運行計画を策定するのは簡単ではない。前著で取り上げた線路の配線、地形、気候条件、あるいは手持ちのリソース（人や車両など）といった制約があるからだ。だから現実的には「妥協の産物」とならざるを得ない部分が多い。

　鉄道のダイヤについて取り上げる本では、運行計画の土台となる列車運行図表（ダイヤグラム）、そして列車運行図表を作成するための材料や、プロセスにかんする原理原則についての話は欠かせない。

　それは本書も同様だが、さらに、実例や筆者の実体験を取り上げるように工夫してみた。そうすることで「あれは、こういうことだったのか！」と理解を深めていただけることだろう。ただし、取り上げる対象に若干の偏りはあったかもしれず、そこは御容赦いただければと思う。

井上孝司

鉄道ダイヤ探究読本●目次

1章 ダイヤグラムの基本を知る

路線ごとにつくられる「列車運行図表」とは ……………………… 12
「時刻表」と「列車運行図表」の関係 12
列車運行図表には何が描かれている? 14
秒単位の運行情報をどう表している? 16

列車運行図表における「列車の分類」とは ………………………… 17
「輸送の対象」による分類 17
「車両の種類」による分類 18
「運行する時期」による分類 20
時刻表に載らない列車もある 22

「番号」で列車を区別する ………………………………………… 28
番号を付番する際の基本ルールとは 28
種別や運行形態で番号はどう変化する? 29
アルファベットが付くケース、付かないケース 31
運行番号から「車両の所属」がわかる 31
列車番号は運行の途中でも変わる 33
「号数」は、どのように使い分けている? 34

辞書とは意味が異なる「列車」「車両」「機械」 …………………… 36
鉄道業界における「列車」の定義とは 36

鉄道業界における「車両」の定義とは 36

鉄道業界における「機械」の定義とは 38

2章 「精緻なダイヤ」はどう、つくられるか?

ダイヤ作成者を悩ませる輸送需要と輸送力の関係 …………… 42

卵が先か、鶏が先か 42

需要が多い時間帯に配慮する 43

路線によってピーク需要は異なる 44

「輸送力の増加」が容易ではない理由 45

最小の車両数で最大の輸送力を得る 46

利便性に優れた「スジ」の引き方 ……………………………… 50

何がダイヤを複雑にするか 50

平日ダイヤと土休日ダイヤの使い分け 52

「トラブルに弱いダイヤ」が出現する事情 53

「待たされている気」にさせない工夫とは 54

「使いやすいダイヤ」と「使いにくいダイヤ」の違い ………… 56

利用者にとって「使いにくいダイヤ」とは 56

「パターン化」と「等時隔化」のメリットとは 57

「何分ごとに発車させるか」も重要 58

特定の列車に利用者を集中させない工夫 60

「パターン化」+「接続の改善」でより便利に 61

3章 | 正確な所要時間を導きだすプロセス

出発～停車の所要時間を算出する ················· 64

ダイヤ作成に欠かせない「運転曲線」とは 64

「基準運転時分」の算出に影響を及ぼす要素 66

駅間の所要時間にかかわる「3要素」とは 68

最高速度275㎞/hより、240㎞/hのほうが速い?! 70

E8系の最高速度が300㎞/hに止まった理由 71

始発～終着の所要時間を算出する ················· 73

「総所要時間を先に決める」アプローチ 73

停車時間も無視できない 76

停車時間の増加が遅延をつくる 77

「余裕時間」を設定して遅延を解消する 79

所要時間を短縮するための工夫 ················· 80

「最高速度」「平均速度」「表定速度」の違いとは 80

「省エネ運転」と加減速の関係 81

加減速性能を高めて〝逃げ足〟向上 82

JRで使用されている「速度種別」とは 84

4章 | スピードアップと効率を両立させるワザ

スピードアップを達成するための手法 ················· 88

手法❶ 停車駅を減らす 88

手法❷ 最高速度か加減速度を引き上げる 89

手法❸ 曲線通過速度を引き上げる 90

手法❹ 駅の通過速度を引き上げる 92

手法❺ 途中駅での停車時間を短縮する 94

効率的な急行運転を実現する方法 ································ 96

停車駅の選び方がカギを握る 96

停車駅の選定❶ ノンストップ 97

停車駅の選定❷ 主要駅に「飛び飛び停車」 98

停車駅の選定❸ 列車ごとに個別配分 99

停車駅の選定❹ 一部区間で各駅に停車 99

停車駅の選定❺ 千鳥停車 102

優等列車の停車駅は漸増していく 103

関西私鉄が「中間駅の停車」を重視した理由 104

車両が停車駅を制約する 104

利便性の高い急行運転を実現するアイデア ················ 107

「緩急結合」によって利便性を高める 107

どの駅で緩急結合を行なうのが効果的か？ 109

急行と各駅停車の運転本数が異なると… 110

意図的に緩急結合を避けるケースとは 111

足並みを揃えるほうが「詰めこみ」が利く 113

列車種別の名称はどう決められている？ ················ 115

JRと民鉄では、どんな違いがある？ 115

「直行」「高速」…かつて存在した風変わりな種別 117

上位の種別が新たに設定される事情 118

「特別」「通勤」「区間」…種別に付く冠の意味とは 118

5章 ダイヤ作成の現場は苦労がいっぱい

ダイヤの作成に縛りをかける要因 ……………………………124

列車本数を増やすために必要な要素とは 124

車両と乗務員が揃ってこそ、ダイヤは成立する 128

施設や配線に合わせたダイヤづくりの妙 128

ボトルネックが全体を制約するケース❶ 130

ボトルネックが全体を制約するケース❷ 131

業務上の理由で発生する「運転停車」とは 132

設備保守のための時間は、どう設定される？ 134

時間帯、季節、イベント…需要の増減に対応する ………………137

「盛るダイヤ」「間引くダイヤ」とは 137

臨時列車は「影スジ」「盛りスジ」で対応 139

「影スジ」のさまざまな用途とは 141

乗客数が予想を超えたとき、どう対応する？ 144

区間ごとの需要の増減に対応する ……………………………146

運行系統の最適化が必要になる理由 146

輸送力の調整❶ 路線の末端区間を別系統にする 147

輸送力の調整❷ 需要が落ちこむ区間の前後で折り返す 149

輸送力の調整❸ 需要が少ない区間の編成を短くする 150

「直通運転」と「系統分断」の関係 ………………………………154

直通運転は利用者側も運行側もメリット大 154

直通運転で合理化を実現した西鉄 157

直通を妨げるさまざまな要因とは 157

設備上の制約による系統分断 159

6章 スジを引くだけでは列車は走らない

車両の運用はどのように決められる？ ……………………162

必要な「運用数」を、どう算出する？ 162

「運用番号」と「列車番号」は別物 165

予備車の存在は欠かせない 166

「予備なし」で運行していたカシオペア 166

車両を増やさずに運用を増やす工夫 168

他社線内のみを行き来する運用がある理由 168

車両運用の行路と順序を知る …………………………170

「車両運用順序表」で運用順がわかる 170

同じ運用の列車が運休してしまうと… 171

貨物がなくても、牽引用の機関車は走る 172

「車両運用行路表」で編成の動きがわかる 173

「最新車両＝エース格の列車専用」とは限らない 174

限られた車両を効率的に運用するアイデア 175

車両基地の出入庫と回送 ……………………………182

回送列車は、なぜ必要なのか？ 182

「3両で出発→1両で終点到着」の理由とは 183

新幹線の始発列車は、前夜からホームで待機 184

青森から大宮へ！ 長距離を走る回送列車 185

車両の運用を制約する「意外な要因」とは 187

車両基地にも綿密な運用計画が必要 …………………189

車両基地では、どんな作業が行なわれる？ 189

駅の構内で行なう作業にも「ダイヤ」がある 191

車両と同じにはいかない乗務員の運用 ……………………… 193

乗務員の運用にかかわる制約とは 103

運転士と車掌は「常にワンセット」ではない 194

どんなときに所要人数が増えるのか? 195

折り返しをスムーズにする「一段落とし」とは 195

7章 ダイヤの乱れと運転整理

「ダイヤ乱れ」はなぜ、起きてしまうのか? ……………………… 198

原因❶ 利用客の乗降に時間がかかる 198

原因❷ 車両との接触や衝突事故 200

原因❸ 悪天候や自然災害 200

原因❹ 使える車両の不足と車両故障 202

原因❺ 接続待ち 203

遅延の波及を食い止める方法 ……………………… 205

遅延が他の列車に波及するメカニズム 205

方法❶ 相互乗り入れを中止して、折り返し運転に 207

方法❷ 運転間隔の調整で遅延拡大を抑える 207

方法❸ 「タイムリートレイン」で利用者を救済する 209

遅れを取り戻し、ダイヤを回復させる方法 ……………………… 211

方法❶ 時間や最高速度の「余裕」を使う 211

方法❷ 停車時間を詰める 212

方法❸ 折り返し時間を詰める 212

方法❹ 後続列車のスジに付け替える 213

方法❺ 途中駅で運転を打ち切る 214

ダイヤの回復のみでは、「通常運行」とはいえない ……………… 217

「運用の回復」とは何か？ 217
相互直通運転中の車両が行方不明に！ 218
車両交換による運用調整とは 219

鉄道ダイヤこぼれ話

「運行頻度が高ければよい」とは限らない 60
500系とN700系の性能の違い 86
共通運用に求められる配慮 106
運転停車が招いた「能生騒動」 134
遅延後の判断が難しいJR東日本の新幹線 206

装幀◉スタジオ・ファム
カバー写真◉Mochio／PIXTA
本文写真◉井上孝司
図版作成◉原田弘和

1章
ダイヤグラムの基本を知る

ダイヤグラム（列車運行図表）にどんな情報が盛りこまれているのか、それを見ると何がわかるのか、というところから話を始めよう。「鉄道業界における『列車』の定義とは？」などの基本的な疑問を解くことも、ダイヤを理解する手助けになってくれる。

路線ごとにつくられる 「列車運行図表」とは

鉄道ダイヤは、俗に「ダイヤ」と呼ばれるが、もちろんダイヤモンドとは関係なく、「Train Diagram」のことを指す。鉄道業界では「列車運行図表」という言葉も用いられる。

「時刻表」と「列車運行図表」の関係

私たち利用者が目にするのは、路線ごと、あるいは駅ごとに列車の発着時刻が記された「時刻表」だが、実際に運転計画を立てる際に用いられるのは「列車運行図表」のほうだ。

それをもとにして、路線ごと、あるいは駅ごとのデータを拾い出して見やすく書き直したのが「時刻表」、という関係になる。

列車運行図表は駅ごとの時刻だけでなく、追い越し・待避や交換（すれ違い）の関係までひと目でわかるため、運行の計画を立てたり、実際に列車を運行したりする現場では不可欠なものとなっている。

一般の乗客はそこまで知る必要はなく、「何時に列車が来て、何時に目的地に着くのか」がわかればよいので、列車運行図表を使う必然性は薄い。

しかし、ときには、この列車運行図表があると便利なこともある。

　たとえば、列車に乗っていて「反対側から来る列車と
すれ違うのはどのあたりだろう？　もしくはどの駅だろ
う？」とか「あとから追いかけてくる快速を待避するのは
どの駅だろう？」といったことを知るには、列車運行図表
のほうが具合がよい。

　また、筆者は仕事柄、列車を撮影することが多いが、そ
の立場から見ても、通過時刻を予測するのに便利だ。

　とくに特急列車は通過駅が多いので、途中駅を何時何分
頃に通過するかが、時刻表からは読み取れないことがよく
ある。

　しかし、列車運行図表があれば、ある程度の〝あたり〟
をつけることができる。

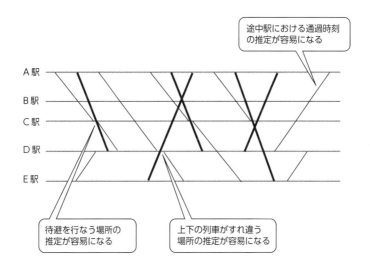

途中駅における通過時刻
の推定が容易になる

待避を行なう場所の
推定が容易になる

上下の列車がすれ違う
場所の推定が容易になる

【図1.1】ダイヤグラムを使うとひと目でわかる情報の例

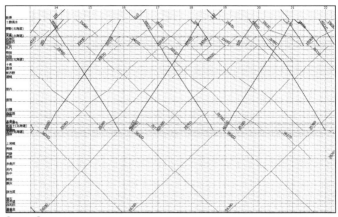

【図1.2】フリーソフト「OuDIA Second v2」で、根室本線の列車運行図表を作成したもの。太線で示されている特急「おおぞら」が、先行する普通列車を追い抜いたり、反対方向の普通列車を待たせてすれ違ったりしている様子がわかる

列車運行図表には何が描かれている？

　よく知られているように、列車運行図表は横軸に時間、縦軸に駅を並べたかたちで描かれる。個々の列車は、そこを斜めに行き交う線として描かれるため、「スジ」という言葉ができた。そこから、運行計画の立案を担当する人のことを「スジ屋」というようになった。

　横軸の時間は等間隔で、目盛りの間隔の違いにより、「1時間目ダイヤ」「10分目ダイヤ」「2分目ダイヤ」「1分目ダイヤ」といった分類がある。大雑把な素案をつくる段階では「1時間目ダイヤ」を使うが、最終的に秒刻みの運行計画にまとめ上げるには、「2分目ダイヤ」や「1分目ダイヤ」が必要になる。

　一方、縦軸には駅を順番に並べていくが、こちらの間隔

の取り方には特徴がある。

　部外者からすると「等間隔に」あるいは「駅間距離に合わせて」と考えそうになるが、実際にはそうではなく、「駅間ごとの所要時間に合わせた」間隔になっている。

　つまり、駅間距離が短くても、所要時間が長ければ、間隔が大きくなるわけだ。駅間距離が長くても、所要時間が短ければ、逆になる。

　こうしないと、スジがジグザグになってしまって見づらい。主要な列車のスジはまっすぐ通ってくれるほうが、見やすい列車運行図表になる。

　業務用の列車運行図表には、列車の運転に際して知っておかなければならない関連情報も盛りこんである。いくつか挙げてみると、

　・列車の種別や内容を示す記号
　・終着駅に到着した列車が、次にどの列車で折り返すか
　・横軸の目盛りだけでは細かくわからない発着時刻
　・駅間の距離
　・信号システムや単線・複線の別

といった具合だ。

　1つの路線で複線と複々線、ときには単線・複線・複々線が混在している事例もあるし、信号保安システムが途中で切り替わる路線もある。こうした情報は列車運行に不可欠なものだから、運転時刻の情報と一緒に参照できるほうがありがたい。

　ただし、どういった情報を盛りこむか、どういった記号を用いて表記するかは鉄道事業社によって違いがあり、統一されてはいない。そもそも、列車の運転本数が多く、運

行体系が複雑な都市部の鉄道と、１日に数往復の列車しか走らないローカル線を同じやり方で扱うのが理に適うかどうか。

それぞれの会社、あるいは線区の事情に合わせて過不足のない情報を盛りこむほうが、使いやすいものができる。

秒単位の運行情報をどう表している？

先に述べたように、列車運行図表の目盛りは最小でも「１分刻み」だが、実際の列車の運行はさらに細かい単位で行なわれており、「10秒」ないしは「15秒」単位が一般的。しかし、そんな細かい刻みで目盛りを描いたら、かえって見づらい列車運行図表ができてしまう。

そこで、秒単位については「ヒゲ」と呼ばれる記号を付けるようにしている。

この記号の内容は各社各様。駅ごとに、下り列車は線の上側、上り列車は線の下側にヒゲを描けば、下りと上りの区別もつけられる。

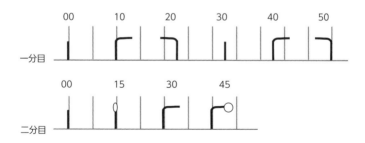

【図1.3】ヒゲの例。あくまで例だから、実際にどんな形のヒゲを使用するかは事業社しだいだ

16

列車運行図表における 「列車の分類」とは

　列車運行図表に載る列車には、じつはいろいろな種類がある。これには「何を運ぶか」「どういう車両を用いるか」という観点からの分類と、「いつ走らせるか」という観点からの分類がある。

「輸送の対象」による分類

　まず、「何を運ぶか」。大きく分けると「旅客」と「貨物」だから、「旅客列車」「貨物列車」という分類ができる。

　一般的には両者は別物だが、客車と貨車を一緒に連結して機関車で牽引することもあり、これを「混合列車」という。旅客列車と貨物列車を別個に走らせるほどの需要がないときに、1本の列車にまとめてしまえば、牽引する機関車や、それを動かす乗務員の所要が減る。

　なお、「旅客列車に貨車をくっつけた混合列車」「貨物列車に客車をくっつけた準混合列車」という区別をすることもあるが、両者の境界はわかりにくい。

　旅客列車の一種といえるが、皇族が御利用になる「御召列車」と「御乗用列車」もある。公務での御利用なら御召列車、公務以外の御利用（御用邸での御静養など）なら御乗用列車とするのが一般的なようだ。

　また、昔の国鉄には「荷物列車」もあった。これは旅客列車のバリエーションと位置付けられる。その理由は、も

【図1.4】貨物列車は貨車だけで組成され、それを機関車で牽引する

ともと国鉄の「荷物列車」が、旅客から預かった受託手荷物を運ぶ手段としてスタートしたことによる。

　だから、荷物列車では物理的なサイズ・重量が小さい小荷物、それと新聞・雑誌・郵便物といったものを運んでおり、そこで「貨物列車」との区別があった。

「車両の種類」による分類

　ここでいう「車両」とは、「レールに載っている物理的な車両」のこと。こんな回りくどい書き方をする理由については後述する。

　車両の観点から大きく分けると、他の車両を牽引する「機関車」、動力を持たず、機関車に牽引される「客車」「貨車」、そしてみずから動力装置を持つ「電車」や「気動車」

【図1.5】新幹線は電車で運行されるから、「電車列車」である

【図1.6】非電化区間では気動車を使用するのが普通だから、写真の列車は「気動車列車」となる

がある。

　動力源の違いにより、機関車なら「蒸気機関車」「電気機関車」「ディーゼル機関車」に分類される。「電車」「気動車」の別も同様だ。昔は蒸気機関で走る「蒸気動車」もあったが、とうの昔に気動車に駆逐（くちく）された。

　ただし近年、エンジンとモーターを組み合わせたハイブリッド車や、蓄電池で走る電車が登場しており、動力の面から見た分類はややこしくなってきている。

「運行する時期」による分類

　「いつ運行するか」という観点から大きく分けると、「定期列車」「季節列車」「臨時列車」がある。

　定期列車はいうまでもなく、毎日、同じ時刻で運行するもの。しかし、「平日ダイヤ」と「土休日ダイヤ」などといった具合に複数のパターンを用意して、パターンごとに時刻や停車駅や運転区間が変わることはある。

　季節列車は、春夏秋冬といった大きな季節の単位で運行するもの。ただし、実際に運転される日は、特定の日に限られることもある。

　わかりやすい事例としては、ＪＲ北海道が札幌〜滝川〜富良野（ふらの）間で運転している特急「フラノラベンダーエクスプレス」がある。

　その名のとおり、夏場、ラベンダーの盛（さか）りになる時季に狙いを定めた列車で、2023（令和5）年を例にとると、運行日は6月10日、11日、6月17日〜8月13日の毎日、8月19日〜9月24日の土日祝、となっていた。

　つまり、需要のピークになる期間は毎日、その前後は利

【図1.7】JR北海道が夏季にだけ運行している「フラノラベンダーエクスプレス」は季節列車の典型

用が多そうな日だけという、正統的な季節列車の動かし方といえる。もっともこれは、使用する車両が1編成しかなく、定期検査に入れる時間を確保しなければならない事情も影響していると思われるが。

　臨時列車はもっとピンポイントに、多客が予想される日、あるいは期間をめがけてスジを引くもの。典型例として、盆暮れ正月・ゴールデンウィークがある。

　また、沿線で万単位の人が集まる大イベントがあるときに、それに合わせて設定することもある。大イベントの典型例は野球、サッカー、F1グランプリといったスポーツイベントだが、コンサートや花火大会、変わったところでは自衛隊の基地公開イベントに合わせて臨時列車を出すこともある。

時刻表に載らない列車もある

　ここまで述べてきた列車以外に、「時刻表に載っていない列車」も運転されている。

　貨物列車は旅客が乗るものではないから、当然ながら旅客向けの時刻表には掲載されていない。しかし、鉄道貨物協会が毎年刊行している『貨物時刻表』を見ると、主要駅の時刻を知ることはできる。こちらも、毎日運転する「定期貨物列車」と、特定の日だけ運転する「臨時貨物列車」がある。

　先に挙げた「御召列車」や「御常用列車」も、それが必要になったときのみに運行するものであり、しかも一般の旅客が乗れるわけではないので、時刻表には載らない。

　回送列車は、旅客や貨物を乗（載）せない状態で車両を移動するために運転する。車両基地を出庫した車両が、営業列車の始発となる駅まで移動するのが典型的な使い方。逆に、終点で乗客や貨物を降（下）ろした車両を車両基地に戻す使い方もある。

　このほか、ある車両基地から別の車両基地に転属する車両を移動するための回送もある。車両の転属が発生しやすい大きなダイヤ改正の前後に、しばしば見られる。

　工事列車は、線路などの整備に用いる資材の運搬に用いる列車。主な用途は、バラスト（砕石）やレールの輸送となる。ただし、輸送するだけで実際に整備や交換を行なう際には、営業列車を止めた状態で実施する（135ページ参照）。

　雪国では「排雪列車」を設定することがある。かつては

22

【図1.8】工事列車は毎日定期運行するものではないので、臨時列車となる。だから
「工臨」という言葉もある

【図1.9】現在、排雪列車の設定があるのはJR北海道の宗谷本線、石北本線、函
館本線(長万部〜小樽間)ぐらい。写真は石北本線のもの

あちこちに設定があったが、現在では宗谷本線、石北本線、函館本線のみ。定期列車の合間を縫うようにして除雪車を走らせて、線路の上や周囲に溜まった雪を取り除くのが目的。

そして「配給列車」。かつては鉄道事業社の社内で実施する資材輸送として、冷房装置、モーター、輪軸などといった、トラックで運ぶにはかさばる大物を運ぶために走らせる事例があった。しかし現在は廃れており、「配給」といえば車両の輸送を指すのが一般的となった。

たとえばJR東日本では、検査に入れる車両を、所属する車両基地から実施場所となる工場に運ぶために、機関車で牽くかたちで「配給列車」を走らせている。また、廃車する車両を解体場所まで運ぶ使い方もある。

いずれも、JR東日本が自社の車両を自社の機関車で運んでおり、これは社内で実施する輸送（部内輸送）だから「配給」に分類される。

なお、外見は似ているが別物の列車として、「甲種鉄道車両輸送」がある。これは、JR貨物が受託して、車両メーカーでつくられた新造車を輸送するような場面で走らせる貨物列車。JR貨物が線路使用料を払って旅客会社の線路を走らせるので、部内輸送にはあたらない。

ちなみに、新造車の甲種鉄道車両輸送を行なう段階では、まだ鉄道事業社への納入は済んでいるわけではない。車両はメーカーの持ち物だ。だから、これは「鉄道事業社の車両」ですらなく、「鉄道車両の形をした、単なる物体」となる。

このほか、「試運転列車」がある。大規模な検査や改造工

【図1.10】JR東日本が自社で製造あるいは改造した車両を運ぶ、配給列車の一例。運ばれているのは、千葉方面で使用する209系

【図1.11】こちらはJR貨物が輸送を請けおう甲種鉄道車両輸送。運ばれているのはE6系

事を行なった車両、また、車両メーカーから受領した新造車両は、まず、正しく機能するかどうかを確認するための試運転を行なわなければならない。

　それを営業列車で行なうのは適切ではないから、試運転用のスジを引き、そのスジのとおりに試運転を行なうのが一般的だ。

　この手の試運転列車はたいてい、車両の整備拠点となる工場がある駅を起点として、あまり列車の運転本数が多くない区間で1往復させている。

　たとえば山陽新幹線では、博多総合車両所で検査を実施した車両について、博多～小倉間を往復するかたちで試運転を実施している。

【図1.12】名鉄豊田線の100系電車が、名古屋本線で試運転を行なう場面に遭遇したことがある。検査を担当する舞木検査場が、名古屋本線沿いにある関係

【図1.13】博多総合車両所で検査を受けたあとに試運転を実施している700系を小倉駅で。行先表示が「試運転」になっているのがわかる

【図1.14】名鉄瀬戸線で遭遇した「教習車」。いわば「新人運転士の路上教習」といった趣だ

「番号」で 列車を区別する

　人はそれぞれ名前を持っている。「名無しさん」では区別をつけられないし、呼ぶにも不便だ。

　同じように、列車にも名前を付ける必要があり、そこで「列車番号」が登場する。

番号を付番する際の基本ルールとは

　優等列車では愛称を付けることもあるが、すべての列車にいちいち愛称を付けるのは現実的ではない。

　しかし運行計画を立てたり、運行管理を行なうには、個々の列車を区別するための目印が必要になる。そこで登場するのが列車番号だ。

　通常、下り列車は奇数、上り列車は偶数とする。路線ごとに起点・終点が定められており、起点から終点に向かうのが「下り列車」、逆が「上り列車」となる。

　ところが、運行の実態と路線の起点・終点が合わないという理由で、逆になることがある。たとえば、ＪＲ中央本線やＪＲ紀勢本線だ。

　いずれも路線の両端に拠点となる大都市があり、中間を境にして運行系統が分かれているため、両端からそれぞれ奇数の列車番号を持つ「下り列車」が出ている。するとどちらか一方は、終点から起点方に向かう「下り列車」となるわけだ。

　混同を防ぐため、同一路線・同一駅で異なる列車に同一
の列車番号を割り当てることはしない。しかし、離れた路
線、あるいは異なる事業社であれば、重複は日常的に発生
する。

　こうした事情によるのだろうか。複数の路線であった
り、エリアにまたがって長距離を走る列車では、途中で列
車番号が変わることがある。

　なお、列車番号は業務用のデータだが、時刻表でも併記
されているのが一般的なので、サンプルには事欠かない。

種別や運行形態で番号はどう変化する？

　番号の数字は、運行時刻が早い列車から順に増やしてい
くのが一般的。全列車が各駅停車のローカル私鉄では、こ
れで用が足りる。

　ダイヤが複雑になると、列車の種別や運行形態の違いに
合わせて数字の範囲を変えるようになる。優等列車は少な
い桁数、各駅停車は多い桁数としたり（逆もある）、運転区
間によって数字の範囲を変えたりする。

　また、国鉄〜JRグループでは、季節列車は「8000台」、
臨時列車は「9000台」として区別している。東北新幹線で
は、「こまち」と併結する「はやぶさ」は3000台だが、併
結がなければ1〜3桁となる。こうすることで、運行管理
の担当者は個々の列車の位置付けが読み取りやすくなる。

　列車によっては、一部区間だけ臨時列車、あるいは季節
列車に指定されていることがある。たとえば、JR上越線
の水上〜越後湯沢間には、年末年始などの繁忙期と土休日
だけ運転される普通列車がある。越後湯沢〜長岡間は毎日

運転される定期列車で、それを特定の日だけ水上まで延長するかたちだ。つまり、車両は直通している。

この場合、臨時と定期の境界となる越後湯沢を境にして列車番号が変わるが、物理的には同じ1本の列車だ。

列車番号の付け方としては、運行番号に時間帯を示す数字を組み合わせる「冠発時刻方式」もある。大都市圏で多用されており、たとえばJR山手線では、大崎駅を発車する時刻を基準として冠発時刻が変わる。運行番号「13G」（この数字は運用ごとに割り当てる）の列車が大崎駅を8時台に出ると「813G」だが、一周して9時を回ると「913G」に変わる。

この方式には、個々の列車がどの運行番号かがひと目でわかる利点があり、車両の運用管理を司る立場からするとありがたい。

【図1.15】JR山手線では「冠発時刻方式」を使用しており、そのうち運行番号だけを前面に表示している。写真では「1414G」とあるのがそれ

アルファベットが付くケース、付かないケース

　列車番号は数字だけのこともあれば、後ろにアルファベットが付くこともある。

　国鉄～ JRグループの在来線では、機関車牽引列車は数字だけ、電車なら「M」、気動車なら「D」を付けるのが基本となる。しかし大都市圏では、この原則から外れる場面も多い。

　また、車掌が乗務する列車とワンマン運転の列車が混在している路線で、ワンマン列車を区別するためにアルファベットを変えることもある。

　新幹線では、東海道・山陽・九州新幹線が「○○A」、東北・北海道新幹線が「○○B」、上越新幹線が「○○C」、北陸新幹線が「○○E」、西九州新幹線が「○○G」という使い分け。

　過去に九州新幹線では「F」を使用していたが、新八代しんやつしろ～博多間の延伸で山陽新幹線とつながったときに「○○A」に統一したため、消滅した。

　なお、民鉄では列車番号の頭にアルファベットを付ける事例もある。

運行番号から「車両の所属」がわかる

　首都圏のJR各線では、冠発時刻方式と組み合わせて、車両の出区場所ごとに、運行番号の末尾まつびに付けるアルファベットを「A」「B」「C」と使い分ける事例がある。たとえばJR京浜東北線がそれ。

　また、異なる事業社間で相互直通運転を行なう場面で

は、運行番号に車両の所属を示すアルファベットを付ける手法を多用している。

　たとえば、東京メトロ南北線〜東急目黒線を中心とする各線では、東京メトロの「Ｓ」、東急の「Ｋ」、埼玉高速鉄道の「Ｍ」、相鉄の「Ｇ」となる。

　そこで埼玉高速鉄道線・浦和美園駅の時刻表を見ると、列車番号は9時台が936Ｓ、986Ｍ、940Ｋ、966Ｓ、940Ｓ、964Ｓ。10時台が1022Ｋ、1080Ｍ、1032Ｓ……といった具合。

　最初の9または10は、浦和美園駅の発車時刻を「時」の単位としたもので、残りが運行番号となる。運行番号に付くアルファベットで車両の所属がわかるわけだ。

【図1.16】東急目黒線の3020系電車。前面の非常口上部に表示されている「18K」が運行番号

32

【図1.17】こちらは東京メトロの9000系。前面上部左端にある「36S」が運行番号

列車番号は運行の途中でも変わる

　物理的には同じ列車であっても、途中で列車番号が変わることがある。たとえば、途中で別の路線に移る場合に、そちらで列車番号の重複が起こらないように変えるようなケースだ。

　また、異なる社局間で相互乗り入れを行なう場合に、それぞれ自社局の付番ルールに合わせるために、列車番号を変えることがある。

　このほか、1つの列車を分割して2つの列車に分ける場合には、それぞれに重複のない列車番号を割り当てなければならない。

　東北新幹線の「やまびこ」と山形新幹線の「つばさ」は東京〜福島間を併結するのが一般的だが、東京〜福島間は東北新幹線の列車として「○○B」を割り当てる。「つば

さ」を切り離したあとの「やまびこ」は、福島〜仙台間も同じ列車番号を使う。

　一方、山形・新庄方面に向かう「つばさ」は、在来線の付番方式に合わせて、末尾のアルファベットが「M」に変わる。

　ただし、数字はそのまま。たとえば、「やまびこ・つばさ123号」は、東京〜福島間は「123B」。「やまびこ123号」は福島〜仙台間も「123B」のままだが、福島から先の「つばさ123号」は「123M」となる。

「号数」は、どのように使い分けている？

　愛称付きの列車では、同じ愛称を持つ列車を同一方面・同一区間に複数運転することがよくある。

　その場合は号数を付けて区別するが、これも下りを奇数、上りを偶数とするのが一般的。また、季節列車は80台、臨時列車は90台などとして、定期列車と区別することもある。

　その場合、号数と列車番号の数字を揃えるのが一般的。「のぞみ1号」が「1A」となるのが典型例だ。ただし、号数の数字が必ずしも列車番号と一致するわけではなく、列車番号の下1〜2桁を号数とする事例も多い。函館本線の特急「ライラック27号」は「3027M」となる。

　愛称付きの列車では、号数の範囲を使い分けることもある。たとえば東海道・山陽・九州新幹線では、「のぞみ」は1〜199が長距離を走るエース格の列車、200・300・400台は東京〜新大阪間、500台は「さくら」と「ひかり」、600台は「みずほ」と「ひかり」、700・800台は「こだま」と

【図1.18】東京駅における、東海道新幹線の発車標。「のぞみ」「ひかり」「こだま」で
号数の数字の範囲を分けている様子が、何となくわかる

いったあたりの使い分けとなっているが、ときどき例外が
発生するようだ。

　JR東日本の新幹線は方面別の使い分けで、東北新幹線
の「はやぶさ」と単独運転の「やまびこ」は1〜、「つば
さ」ならびにそれと併結する「やまびこ」は100〜、「な
すの」は200〜。上越新幹線の「とき」は300〜、「たにが
わ」は400〜。北陸新幹線の「かがやき」「はくたか」は
500〜といった具合。ただし、2024（令和6）年3月の北
陸新幹線敦賀延長開業に伴い、富山〜敦賀間を走る「つる
ぎ」に1桁が出現した。

　なお、ここで述べた話はあくまで原則で、実際には例外
も多々あることをお含みおきいただきたい。

辞書とは意味が異なる「列車」「車両」「機械」

　私たちは習慣的に「列車」「車両」「機械」という言葉を使っているが、じつはいずれの言葉も鉄道業界においては、部外者と部内者で意味が異なる。使用する際には、少しばかり注意が必要ではある。

鉄道業界における「列車」の定義とは

　一般的には、線路の上を走っている車両、あるいはそれによって実現される移動の手段を「列車」という。

　しかし、部内者にとっては、「列車」は「あらかじめ定められた時刻どおりに営業線を走らせるもの」を指す。言い換えれば、列車運行図表に載っているスジは「個々の列車」を指すものである。

　鉄道総合技術研究所の『鉄道技術用語辞典・第3版』では、「列車」を「停車場外の線路を運転させる目的で組成された車両のこと」と定義している。その列車の種類として、前述したようにさまざまな種類がある。

　なお、この定義には、車両の数にかんする言及がない。実際、「1両編成の列車」も多々ある。部内の用語では、「複数の車両を連結しているから列車」ではないのだ。

鉄道業界における「車両」の定義とは

　次に「車両」。物理的な意味の車両とは、機関車、客車、

貨車、電車、気動車などといった「車体に車輪をつけてレールの上を走れるようにしたもの」である。先述の『鉄道技術用語辞典・第3版』では、「電車、自動車など、車輪もしくはそれに類するものがついた乗り物の総称」と定義している。

　ところが鉄道の現場では、「車両」という言葉が「列車になっていない状態の物理的な車両」という意味になる場合がある。

　車両基地に留置されている状態では、「あらかじめ定められた時刻どおりに営業線を走らせるもの」ではないから、単なる「車両」。それが、定められた時刻に本線に出てきて、列車番号を与えられた状態で走り始めると「列車」になる。

【図1.19】車両基地に留置されている状態では、それは単なる「車両」であって、鉄道業界の定義による「列車」ではない

鉄道業界における「機械」の定義とは

　最後に「機械」。辞書的な意味の「機械」は、「何らかの仕掛け、作動すると一定の運動をくり返して、他に何かの変化を与えるように仕組まれた道具」を意味する。

　ところが鉄道の現場では、「列車」と対比する言葉として「機械」が登場する。前述した車両、いわゆる鉄道車両を「列車」として走らせるには、それを運転する者は動力車操縦者免許を取得しなければならない。

　ここでいう動力車とは、「蒸気機関車」「電気機関車」「電車」「蓄電池機関車」「蓄電池電車」「内燃機関車（いわゆるディーゼル機関車）」「内燃動車（いわゆる気動車）」「無軌条電車（いわゆるトロリーバス）」を指す。

【図1.20】かつて立山黒部アルペンルートで使われていたトロリーバス。これも鉄道の一種として扱われている

　言い換えれば、これら以外の動力を有する車両の操縦には、資格制度はない。鉄道事業社の部内で所要の教育訓練と確認を行ない、合格すれば操縦ができる。

　その対象の典型例が保守用車だ。施設・設備のメンテナンスや交換に使用する機材、あるいは資材輸送に用いる「車輪付きの乗り物」の一群である。

　これらは「機械」と呼ばれ、営業列車が走っているときには本線上に出せない。本線上に営業列車がいないことを確認したうえで「線路閉鎖」という手続きをとり、営業列車が入ってこないように締め出しを行なって、初めて「機械」が本線上に出られる。

　線路（軌道）、電車線（架線）、各種の施設や構造物のメンテナンスは、こうした「機械」によって支えられている。

　なお、除雪についても「除雪車両」ではなく、「除雪機

【図1.21】保守用車の例。これは軌道を構成するバラスト（砕石）の突き固めを行なうマルチプルタイタンパー（MTT）

【図1.22】排雪用モーターカーの例。これは「機械」扱いなので、線路閉鎖の手続き
をとらなければ本線に出せない

械」を用いる場合がある。いわゆる排雪モーターカーのこ
とだが、これは「機械」なので「排雪列車」として走らせ
ることはできない。

　線路閉鎖を行なってから本線上に出して、作業を終えて
撤収させたら線路閉鎖を解除する。そうしないと営業列車
を本線上に出せないのだ。

2章
「精緻なダイヤ」は どう、つくられるか?

本章ではダイヤグラムが完成するまでの手順を追っていく。「利用者にとって使いやすいダイヤ」をつくるために、作成者はどのようなポイントに留意しながら「スジ」を引いているのか? そこには、利用者の目線に立った多くの工夫が凝らされている。

ダイヤ作成者を悩ませる 輸送需要と輸送力の関係

　鉄道とは「輸送の手段」であるから、その輸送をどのように実現するかが問題になる。

　それがすなわち「ダイヤの作成」なのだが、そこでは「どの時間帯にどこからどこまで、何本ぐらいの列車を走らせればいいか」を決めなければならない。

卵が先か、鶏が先か

　交通機関は人やモノを運ぶのが仕事だ。そこでは、「人やモノの流動があるので、移動を円滑に、あるいは効率的に行なうために輸送手段を整備しよう」という話が出てくる。

　既存の輸送手段だけでは能力的に足りないので、新たな輸送手段を増強するかたちもあり、その典型例が東海道新幹線である。

　逆に、人やモノの流動を創出するために、先行投資として輸送手段を整備するパターンもある。近年では聞かれなくなったが、高度成長期には郊外に大規模ニュータウンをさまざまなかたちで開設する事例があった。

　その際に、ニュータウンを「陸の孤島」にしないため、主要都市の中心に向かうための足として鉄道を整備する事例もあった。小田急多摩線、京王相模原線の延伸、千葉県の北総開発鉄道などが該当するだろう。

　何にしても、鉄道の建設、あるいは列車運行計画の立案時には、すでに存在する、あるいは見込まれる輸送需要がベースになることが多い。

　ただし、ときには需要の創出を企図（きと）して列車を設定するようなこともある。

需要が多い時間帯に配慮する

　「どのようなニーズがあるか」「どのようなニーズを誘発（ゆうはつ）したいか」のいずれにしても、利用者のニーズとうまく嚙（か）み合ったダイヤを作成しなければならない。それがダイヤ作成時の制約事項にもなる。

　たとえば、通勤・通学の需要を考えた場合、会社や学校の始業時刻に間に合わせる必要がある。始業時刻が9時なのに、最寄り駅（もよ）に列車が着くのは9時10分では通勤の役に立たない。通学でも事情は同じだ。

　ただし、多くの人が通う会社や学校が、特定の駅、あるいは地域に集中していればよいが、分散していると話が難しくなる。

　大都市近郊であれば、運転本数が多いため、「自分の都合に合わせて、利用する列車を選んでください」となる。ところが、運転本数が少ない地方幹線やローカル線では事情が異なる。

　常識的に考えると、多くの需要が見込まれる会社や学校の最寄り駅に焦点を当てて、始業時刻（しょうてん）よりもいくらか前、終業時刻よりもいくらかあとに列車が発着するようなダイヤを組む必要がある。

　朝の始業時刻は会社も学校も似たようなものだが、終業

時刻はそうでもない。さらに会社なら残業、学校なら部活動などの課外活動が加わり、需要が広い時間帯に分散する。そこに「半ドン（午前中のみ）」が加わると、さらに話がややこしくなる。

　かつて、石北本線の上川〜遠軽間で実際にあった事例を見てみよう。

　この区間は、国鉄（当時）が利用の減少を受けて、1986（昭和61）年11月のダイヤ改正で減便の大ナタを振るい、上川〜白滝間の普通列車を1日1往復にしてしまった。

　朝の下り列車は上川から遠軽に向かい、夕方の上り列車は遠軽から上川に向かう。一見あべこべのようにも思えるが、これは白滝周辺の生徒が遠軽の高校に通う通学需要に合わせたためだった。

　しかし、平日はそれでいいとして、半ドンで終わる土曜日はどうするか。いくらなんでも通学生を夕方の上り列車まで待たせるわけにはいかない。

　そこで、日中の上り白滝行き普通列車を、土曜日に限って奥白滝（現在は廃駅）まで延長したそうだ。

　このようなケースもあるので、ダイヤ作成の担当者は沿線事情に通じていなければならないのである。

路線によってピーク需要は異なる

　常識的に考えると、「平日の朝間ラッシュ時が需要のピーク」となる。

　夕方は前述した事情によって需要が分散するので、朝ほどのピークにはならないのが普通だ。そして、日中は朝夕のラッシュ時ほど需要が多くないし、土休日なら学校や会

社は休みになるからなおのこと……と考えるのが一般的だろう。

　ところが何事にも例外は発生する。東京駅の時刻表で、JR山手線外回りの時刻表を比較してみよう（2023〈令和5〉年3月改正のダイヤによる）。

　平日ダイヤでは、10時台から16時台まで運転本数は同じで、1時間あたり12本。つまり平均5分間隔である。

　ところが土休日ダイヤを見てみると、8〜11時台は1時間あたり12本だが、12時台は13本、13時台と16時台は15本、14〜15時台は16本と、日中の運転本数は土休日のほうが多い。

　逆に、8時台は平日の16本に対して土休日は12本と少ない。

　以上のことから、週末の山手線では、日中もコンスタントに需要があることがわかる。都内の主要ターミナルを結ぶ路線構成が原因となっていることも考えられる。

　同じ東京駅でも、JR京浜東北線は、平日と土休日のいずれも日中の運行本数は1時間あたりおおむね12本。ただし、朝間ラッシュのピークが低い土休日のほうが、12本運転の時間帯が広がる。2つの路線の需要構造の違いが読み取れる。

「輸送力の増加」が容易ではない理由

　輸送力の算定では「列車の定員×運転本数」がベースとなる。1両の定員が140名、それが6両編成なら定員840名。それを1時間に10本走らせれば「840×10=8400名／時」という計算ができる。

輸送力を増やしたいというときには、「車両の定員を増やす」「連結両数を増やす」「運転本数を増やす」といった手法を用いる。

　このうち、車両の寸法は施設を設計した時点で上限が決まってしまうから、連結両数を増やしたり、運転本数を増やしたりするほうが現実味がある。

　しかし、どちらも多大な投資を必要とする話。車両が増えれば、車両の製造にかかる費用だけでなく、その後の維持管理にかかる費用も増える。

　さらに、車両の置き場所を多く必要とするから、車両基地の拡大や新設という話に発展する。もちろん、それぞれの駅のホームも延伸しなければならない。結果として、何億円どころか、何十億円、何百億円というオーダーの投資になる。

　だから鉄道事業社は、まずは手持ちの車両を増やさずに輸送力を増やすことを考える。それでどうにもならない場合に、車両の増備が俎上（そじょう）にのぼる。

最小の車両数で最大の輸送力を得る

「できるだけ少ない車両で、できるだけ多くの人を運びたい」という要求を実現するには、「スピードアップ」「詰めこみ」「無駄の排除」が考えられる。

　スピードアップによって所要時間を短縮できれば、必要な車両の数は減る。スピードアップの効果は、所要時間短縮による競争力の強化だけではない。

「詰めこみ」とは、同じ「ハコ」にできるだけ多くの人を乗せるという話。

　しかし、押し合いへし合いの詰めこみ状態を前提とするのは、リーゼ事業という観点からすると問題がある。立客が出るのはやむなしとしても、不快にならない程度の水準を目指したい。

　ただ、車内設備の変更によって対応する余地はある。わかりやすい例を挙げると、クロスシート車をロングシート車に変える手法がある。

　たとえばJR北海道では、3扉・出入台（デッキ）付きで転換クロスシートの721系から、3扉ロングシートの731系に変更、以後もロングシート車の増備を続けている。

　このほうが乗降がスムーズになるし、「奥のほうまで押しこまれて乗降に手間どる事態を懸念して、乗客が扉のあたりに集中してしまう」事態も避けやすい。つまり遅延を防ぐ効果も期待できる。

【図2.1】JR北海道の721系。冬季の寒さを考慮して、独立した出入台（デッキ）を設けたクロスシート車とするのが、かつてのスタンダードだった

【図2.2】こちらは現時点で製造が続く733系。大都市近郊で走る車両と見た目がたいして変わらないロングシート車だが、扉の脇に温風吹き出し装置を設けているのは寒冷地らしいところ

「無駄の排除」とは、「輸送需要が少ないところでガラガラの列車を走らせない」という話。すると、こまめに運転本数を調整するとか、車両を増解結（増結と解放。解放は「切り離し」のこと）するとかして調整する必要が出てくるのだが、これは車両運用を複雑化させる原因になる。

　そのせいか、大都市近郊の鉄道では増解結によって輸送力を調整するよりも、区間ごとに運転本数を調整するほうが多い。

　ただし、単線区間では増発が簡単にできないから、「ハコ」の数を増やすしかなくなる。日中は２両編成、朝夕ラッシュ時は４両編成としている名古屋鉄道（名鉄）三河線や静岡の遠州鉄道西鹿島線は、その典型例といえる。

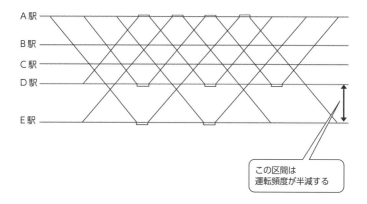

この区間は
運転頻度が半減する

【図2.3】編成両数が同じであれば、輸送力の調整は運転本数の増減によって実現する

【図2.4】名鉄三河線では、朝夕のラッシュ時には4両編成として輸送力を強化している。単線だから、おいそれと運転本数は増やせない

利便性に優れた「スジ」の引き方

「これぐらいの需要が見込めるので、それに対応して何本ぐらいの列車を走らせたい」という方針が決まっても、それだけでは列車を動かすことはできない。

実際に「スジ」を引いて、それが問題なく成立することを確認しなければならないのだ。

何がダイヤを複雑にするか

全列車が各駅に停車するシンプルなダイヤであれば、輸送力の調整は列車の編成両数、あるいは運転本数によって実現することになる。

たとえば、ＪＲ山手線や京浜東北線では、編成両数は常に一定だから、運転する本数の増減だけで輸送力を調整している。

ところが、編成両数の増減という要素が加わると、話が複雑になる。途中駅で車両を増結したり、あるいは切り離したりといった作業が加わるから、その作業を行なう分だけ停車時間を長くとらなければならない。

つまり、列車の所要時間に変動が生じる。また、増結したり切り離したりする車両の運用をどうするか、という話も出てくる。

そして、速達化のために一部の途中駅を通過する、いわゆる急行運転を行なうと、ダイヤは一気に複雑になる。し

かも、速達列車が各駅停車を途中で追い越すことになれ
ば、それが可能な駅は限られる。同一方向に2本の線路を
備えた駅がなければ、当然、追い越しをすることができな
いからだ。

わかりやすい方法としては、まず速達列車のスジを引い
てしまい、そのあいだに各駅停車を入れていく方法が考え
られる。

しかし、これだけでは、各駅停車の利用者にとって不便
なダイヤができかねない。いかにして最善のところでバラ
ンスさせるかが、ダイヤ作成担当者にとっての「腕の見せ
どころ」となる。

【図2.5】急行運転を行なう場合、待避と相互の乗り換えが、利用者にとっての利
便性に大きく影響する。写真は東急東横線の自由が丘で、向かって左が先行する
特急、右が待避する各駅停車

平日ダイヤと土休日ダイヤの使い分け

　平日には通勤・通学需要が多く発生するが、会社や学校が休みになる週末には、そのような需要はなくなる（ここでは、休日出勤や部活動のことは考えないことにする）。

　すると、曜日によって異なるダイヤを使い分ける必要が出てくる。需要が少ないのに多くの列車を走らせても、輸送力過剰になってしまうからだ。

　それなら、平日と週末とでダイヤを変えて、後者では朝夕の運転本数を控えめにすればよい。「浮いた」車両は、検査に回すなどの使い方ができる。

　ということで、大都市圏では、「平日ダイヤ」と「土休日ダイヤ」を用意するのが一般的になっている。近年では週休二日制が定着しているから、土曜・日曜・祝日はひと絡げに扱っても問題ないことが多い。しかし、西日本鉄道（西鉄）のように、「平日・土曜・日祝」と細分化している事例もある。

　曜日によってダイヤを使い分ける場合、まったく別内容のものを個別に起こす手法と、一部の列車を間引いて済ませる手法が考えられる。

　このほか、沿線に有名な神社仏閣があり、お正月に多数の初詣客が押し寄せるようなところでは、正月ダイヤを設定する事例もある。

　太宰府天満宮が沿線にある西鉄が典型例だが、成田山新勝寺を擁する京成電鉄も事情は似ている。もっとも、初詣の需要は大晦日の晩から元日の朝にかけてバースト的に発生するだけだから、正月ダイヤを設定せずに終夜運転を実

施して済ませることもできる。

「トラブルに弱いダイヤ」が出現する事情

　ちょっとしたトラブルでも、そのトラブルが遅れに次ぐ遅れを呼んで大きな影響につながるようなダイヤは、頑健（がんけん）とはいえない。大きなトラブルが生じた場合には致し方ないとしても、軽微（けいび）なトラブル・遅延であれば、遅れた分を吸収して、すぐに所定運行に戻せるダイヤのほうが利用者もありがたい。

　では、頑健とはいえないダイヤは、どんな理由で出現するのだろうか。

　まず、「余裕がない」場合。駅での停車時間を切り詰めた結果として、乗降に手間どって出発が遅れるとか、余裕時間が足りないために遅れを取り戻せないとかいったかたちのものだ。

　たとえば、終着駅での折り返し時間が短いと、ちょっと遅れて到着しただけで、折り返す次の列車にも遅れが波及（はきゅう）してしまう。

　次に「運行形態が複雑」な場合。さまざまな路線と相互直通運転を行なっていて、どこかでちょっとした遅れが発生すると次つぎに遅延が波及するのは、頑健性を下げる原因になりやすい。

　一方で、利便性の面では優（すぐ）れているため、「頑健性を高めるために相互直通運転をしない」のではなく、「事象が発生したときに波及を抑えることで、相互直通運転のネガティブな要素を減らす」アプローチが主流となっている。この話については、あとで詳しく述べたい。

このほか、増解結・分割併合を複雑に組み合わせた「多層建て列車」も、頑健性を下げる原因になりやすい。

　かつての東北地方における気動車急行が典型例で、「ある列車から切り離された車両が、反対方向から来た別の列車と併結して、分岐（ぶんき）する支線に乗り入れていく」といった複雑な運用を行なっていた。

　この運用は、所定の運行で回っている分には利便性が高いが、いったんダイヤが乱れると回復まで多くの時間を要することになってしまう。

「待たされている気」にさせない工夫とは

　ここまでは、実際の数字に現れる所要時間の短縮につながる話だった。それだけでなく、半ば「ダマカシ」みたいな話もある。

　一般的な感覚として、ホームで列車の到着を待っているのと、ホームにいる列車に乗りこんで発車を待つのと、どちらが「待たされている」と感じるだろうか。おそらく前者ではないかと思われる。

　それなら、ダイヤと車両の運用を工夫して、常にホームに列車が待っているようにしたらどうか、という話が出てくる。つまり「待たされている気にさせないことによる、心理的な所要時間の短縮効果」である。

　ただし、これを実現しようとすると、その分だけ車両が余分に必要になるので、費用はかかる。

　ちなみに、北海道の新千歳空港駅では、２線あるうちの片方で常に列車が待機する状態になっている。結果的に「待たずに乗りこめる状況」ができている。

【図2.6】新千歳空港駅では常時、列車が在線しており、他方の番線に列車が到着
すると、在線していた列車が入れ替わりに出ていくパターンをくり返す

　もっともこれは、南千歳～新千歳空港間が単線になっているのがそもそもの原因だ。つまり、南千歳で上下の快速「エアポート」がすれ違い、新千歳空港行きが新千歳空港に到着したら、直ちに反対方向の「エアポート」を出すダイヤになっている。

　すると結果として、次に出る上りの「エアポート」は新千歳空港でスタンバイしていなければならない。結果として「常に1本はホームで待機している」状況をつくっているわけだ。

「使いやすいダイヤ」と 「使いにくいダイヤ」の違い

「○○線のダイヤは使いやすい」とか「△△線のダイヤは使いにくい」といった話が出ることがある。

では、「使いやすい」「使いにくい」の境目はどういったところにあるのだろうか。

利用者にとって「使いにくいダイヤ」とは

鉄道のダイヤに限ったことではないが、「使いやすい」「使いにくい」という評価は受けとめ方が難しい。個人の好みや主観が入ってくるうえに、指標もさまざまだからだ。とはいえ、ある程度、一般的な指標になりそうな項目はある。

まず、「乗りたいときに列車が来ない」。運転本数が極端に少なく、1日に数本しかないのは論外だが、それなりに本数があっても、「朝夕しか列車がない」「日中しか列車がない」といった具合に時間帯が偏るのは問題がある。

次に「覚えやすさ」。本数が少ない場合には、どうしても「まず時刻表を見て、列車の時刻に合わせて動く」ことが求められる。だから、昔はあちこちの家庭やお店などで、最寄り駅の時刻表が壁に貼られていたものだ。

では、本数が多い場合はどうか。

じつは、本数が増えると、そのすべてを覚えるのは難しい。本数が多くても、運転間隔が不均等では、個別の発着

時刻を覚えるのは骨が折れる。それでは使いにくい存在に
なってしまう。

　また、発時刻だけでなく、目的地に到着する時刻、言い
換えれば「所要時間」も、ばらつきがないほうがありがた
い。そうしないと、「何時頃に着くためには何時頃に出れ
ばいいな」という計算が難しくなる。

　そして「接続が悪い」。1本だけ乗って完結する利用では
問題にならないが、複数の列車を乗り継ぐ場合には、乗り
換えの待ち時間は短いほうがありがたい。

　ましてや、「A駅方面からの列車がB駅に到着するより
も少し前に、B駅からC駅行きの列車が出てしまう」――
すなわち「マイナス接続」になると、利用者にしてみれば
物理的にもマイナスである。

　ただし、待ち時間が短いと、ちょっとした遅れが発生し
ただけで乗り継ぎが瓦解してしまう難点もある。すると、
使いやすさとともに、先に述べた頑健性も考慮しなければ
ならないことになる。

「パターン化」と「等時隔化」のメリットとは

　「覚えやすさ」の観点からすると、何時台でも同じ時間に
列車が出る、いわゆるパターン化されたダイヤ（パターン
ダイヤ）が最善となる。

　その極め付きが、静岡の遠州鉄道（遠鉄）西鹿島線。起
点となる新浜松駅の時刻表を見ると、6時台と21時台以降
は例外だが、7時台から20時台にかけてはすべて、毎時5
本の12分間隔で揃っている。

　つまり「毎時ジャストと12の倍数の時刻に電車が出る」

ということで、まことに覚えやすい。もっとも、西鹿島線は全線が単線であり、パターンを崩すのが難しい事情もあるのだろう。

その12分間隔よりは間が空くが、ＪＲ四国は近年、徳島周辺でダイヤのパターン化に取り組んでいる。2024（令和6）年3月改正のダイヤを見ると、徳島線の穴吹・阿波池田方面は、9時台から17時台まで普通列車が22分発と52分発に揃えられた。

18・19時台も23分発と52分発となっており、日中のダイヤに近い。毎時2本は地方線区としては頻度が高い部類に属するし、本数が少なくても発時刻が同じなら覚えやすいはずだ。

遠鉄西鹿島線やＪＲ徳島線は普通列車だけでパターン化した事例だが、大都市近郊路線ではたいてい、急行運転が行なわれている。

すると、速達列車と各駅停車が入り乱れて走り、途中で待避も行なうことになるだろう。その「速達列車と各駅停車」のセットをパターン化すれば、わかりやすいダイヤができる。つまり「どの急行に乗っても、同じように途中の○○駅で各駅停車に接続する」という話である。

ただし、現実問題としては、発時刻だけ揃えるのでは不十分。種別も行先も途中停車駅も、すべて揃うのが理想的だ。そこまでやって初めて、「いちいち時刻を覚えなくても使えるダイヤ」が実現する。

「何分ごとに発車させるか」も重要

問題は、こうしたパターンを何分間隔で並べるか。実際

にさまざまな大都市近郊路線の事例を見ると、「10分・15分・20分・30分」が多いようだ。

たとえば、阪急神戸本線。大阪梅田の時刻表を見ると、日中は新開地行きの特急が10分ごとに発車して、その1分後に各駅停車があとを追う。

列車種別が2種類で間隔が同じだから、特急が先行する各駅停車を追い抜く駅は、常に同じ西宮北口になる。隣の阪急宝塚本線も、似たパターンを構成している。

神戸本線や宝塚本線と比べると、同じ阪急の京都本線は複雑だが、これは「京とれいん雅洛」が混ざったり、各駅停車に京都本線の高槻市行きと千里線の北千里行きが混在したりといった事情によるのだろう。

阪急は10分サイクルの例だが、間隔が違っても基本的な考え方は似ている。ただし、「特急」「各駅停車」の2本立てではなく、さらに種別が増えるようなことは起きる。

1つの路線で完結して物事を考えるのであれば、輸送需要と手持ちの車両の数を考慮して、何分サイクルで回すかを決めればいい。

ところが、複数の路線で接続をとったり、乗り入れを行なったりすると、話が難しくなる。

たとえば、片方が10分サイクル、他方が15分サイクルだと、境界駅でうまく接続をとれるケースと、とれないケースができる。10と15の最小公倍数は30だから、タイミングが合うのは30分ごとだ。

これが15分サイクルと20分サイクルだと、15と20の最小公倍数は60なので、タイミングが揃うのは1時間に1回となってしまう。

乗り換えを行なう場合には、接続がよかったり悪かったりという問題で済むかもしれないが、相互直通運転になるとやっかいだ。そこで、間隔を調整しようとすると、個々の列車の間隔が空きすぎたり詰まったりする。

「運行頻度が高ければよい」とは限らない

　先に挙げた遠州鉄道は、過去に「11分間隔」の運転を行なっていた。

　全線単線の路線では限界に近い高頻度（こうひんど）といえるし、現在の「12分間隔」と１分の差とはいえ、間隔が短いのは利用者もありがたい──と、いいたいところだが、じつは覚えやすさの観点からするとありがたくない。

　なぜなら、分の数字の１の位だけがどんどん増えていくから、いちいち足し算をしないと発車時刻がわかりにくいのだ。その点、12分間隔なら常に発時刻が揃って覚えやすいわけである。

特定の列車に利用者を集中させない工夫

　都市間輸送を受け持つ特急列車では、「１時間ヘッド（１時間ごと）で始発駅を毎時ジャストに出す」とか、「30分ヘッド（30分ごと）で始発駅を毎時ジャストと30分に出す」というかたちが多い。これも覚えやすさに配慮した一例といえる。

　ＪＲ中央本線では新宿駅において、毎時ジャストは松本方面行きの「あずさ」、毎時30分は甲府行きの「かいじ」

と使い分けている。JR常磐線の「ひたち」(品川駅を基準とすると、毎時ほぼ45分)「ときわ」(同じく、毎時ほぼ15分)の関係も同じで、近距離向け列車のほうが停車駅が多いのが一般的だ。

もっとも、長距離向けで停車駅が少ない「エース列車」を毎時ジャストに発車させると、覚えやすいがために利用が集中する問題が起きる。

東海道・山陽新幹線では、かつては博多行きが毎時ジャストに東京駅を出ていたが、名古屋や新大阪といった近距離(?)の利用者までがそうした列車に集中すると、長距離の利用者が割を食うことになる。

そこで現在では、意図的に、博多行きの列車を毎時ジャストから外すようにしている。

「パターン化」+「接続の改善」でより便利に

パターン化に加えて、複数路線間の接続を改善すると利便性が高くなる。ヨーロッパではだいぶ前から行なわれている手法だが、日本ではJR四国が2024(令和6)年3月16日のダイヤ改正に際して積極的にアピールした。

つまり、複数の路線が接続する駅で、決まった時間に各方面から列車がやって来て、相互に乗り換えられるようにする。そして再び、各方面に向けて列車が散っていく——そんなイメージである。

JR四国は、これを徳島地区で導入した。徳島線、高徳線、牟岐線が合流する徳島駅に、各線からタイミングを合わせて列車が出入りするようなダイヤを組めば、相互の乗り換えが円滑にできるというわけだ。

駅	予定時刻	利用する予定だった列車	実際の時刻	実際に利用した列車
リンシェーピン	16:01発	SJ High-speed train X 2000 (Train 507)	16:40発	SJ High-speed train X 2000 (Train 507)
アルヴェスタ	17:28着		18:10着	
アルヴェスタ	17:38発	Öresundståg Regional (Train 1066)	18:46発	SJ Regional (Train 339)
エンマボーダ	18:25着		19:36着	
エンマボーダ	18:34発	Krösatågen Local traffic (Train 8661)	20:40発	Krösatågen Local traffic (Train 8669)
カールスクローナ	19:16着		21:22着	

【表2.1】筆者がスウェーデンで遅延に巻きこまれたときの、予定と実際。予定では絶妙な接続になっているが、それが遅延で瓦解した様子がわかる

　ただし、所定で回っている分にはとても便利だが、いったんダイヤが乱れると乗り継ぎが瓦解する欠点もある。筆者はスウェーデンでこのトラブルに遭遇し、遅延の影響が玉突き式に拡大。最初は39分の遅れだったものが、最後には2時間を超える遅れになってしまった。

　このあたりは、運行管理を担当する輸送指令の手腕が問われるところでもある。

3章
正確な所要時間を
導きだすプロセス

2章で「作成者は何を考えながらスジを引くか」ということを
述べた。しかし、実際には「駅間を何分何秒で走れるか」という
データがなければ、緻密なスジを引くことは不可能。では、そ
の数字はどのように算出しているのだろうか?

出発～停車の所要時間を算出する

　列車運行図表にスジを引くためには、まず、「駅間ごとの所要時間が何分何秒になるか」がわからなければならない。どのように、その数字を算出するのか。その流れを説明していこう。

ダイヤ作成に欠かせない「運転曲線」とは

　駅間の所要時間は、単純に「距離が○kmだから所要時間は△分」と計算できるものではない。車両の性能は千差万別であるし、登り勾配・下り勾配による影響もある。カーブがあれば、そこで速度制限を受ける。

　つまり、すべての駅間について、車両の性能や線路の条件を考慮に入れながら、所要時間を計算する必要があるのだ。これを「基準運転時分」という。この数字があって初めて、列車運行図表にスジを引くことができる。

　実際の運転では、停止している状態から加速して、制限速度に達したらそのまま走る。途中でカーブなどの速度制限要因があれば、その手前で減速しなければならないし、そのあとには再加速が発生する。そして停車駅の手前で、ブレーキをかけて減速・停車する。

　こうした一連の動きをグラフ化したものを「運転曲線（ランカーブ）」という。横軸に距離、縦軸に速度と時間をとって、駅間における速度の変化と累積所要時間をグラフ

化したものだ。

　グラフの線は名前どおりに曲線になるが（【図3.1】）、列車運行図表では見やすさを優先して直線で描く（次ページ【図3.2】）。

　運転曲線はすべての駅間について作成しなければならない。しかも、上り列車と下り列車で別個に作成する。走る向きが逆になれば、勾配やカーブの条件が逆になるからだ。また、途中駅に停車する場合と通過する場合についても、別個に運転曲線を作成する。

　さらに、車両が変われば走行性能も変わるので、運転曲線は車型ごとに用意する必要がある。同じ車型でも、編成中に占める動力車の比率が変われば走行性能が変わるので、これもつくり直しである。

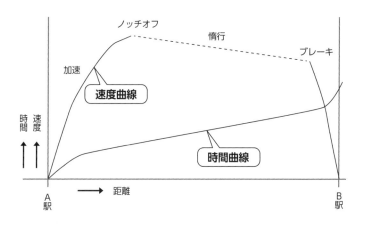

【図3.1】運転曲線のイメージ

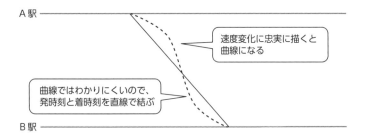

A駅

速度変化に忠実に描くと
曲線になる

曲線ではわかりにくいので、
発時刻と着時刻を直線で結ぶ

B駅

【図3.2】実際の速度変化を忠実に反映すると曲線になるが、それではわかりにくいので、ダイヤグラムでは直線で結ぶ。そのため、速い列車では傾きが急になり、「スジが立っている」という。逆に遅い列車は傾きが緩やかになり、「スジが寝ている」という

　このほか、混雑度によって車両の重量が変わるから、これが運転曲線に影響する可能性も考えられる。しかし実際には、そこまではしていないようだ。

　いったん作成してしまえば、条件が変わらない限り、同じ運転曲線を利用できる。とはいえ、膨大な数の運転曲線をいちいち作成するのは大変な仕事。昔はすべてを手作業で実施していたが、現在はコンピュータで自動作成するのが一般的だ。

「基準運転時分」の算出に影響を及ぼす要素

　では、運転曲線を作成して基準運転時分を算出する過程でかかわってくる要素には、どういったものがあるだろうか。以下に例を挙げてみたい。

＊加減速性能と最高速度

　加減速性能と最高速度、どちらの影響が大きいかは運転形態による。通勤電車のように、ひんぱんに発進・停止をくり返す場合には、加減速性能の影響が大きい。

　逆に、通過駅が多い優等列車では、最高速度の影響が大きくなる。

＊編成長

　列車は「点」ではなくて「線」だから、先頭の運転台が速度制限区間を抜けたところで加速を始めるのは正しい運転操作ではない。

　編成全体が速度制限区間を抜けてから加速しなければ、編成の後ろのほうがスピード違反になってしまう。そのため、編成長も考慮に入れる必要がある。

＊線形

　曲線区間では乗り心地や安全性を考慮して、速度制限が課せられる。速度を上げすぎると、超過遠心力によって乗り心地が悪化するし、さらに度が過ぎると脱線・転覆が起きる。

＊分岐通過速度の制限

　片開き分岐器（１つの線路を２方向に分ける）の直進側であれば影響は少ないが、分岐側、あるいは両開き分岐器（直線の線路が、左右対称の２方向に分かれる）では、通過の際に速度制限がかかる。分岐器では、曲線区間よりも厳しい速度制限が発生する点に注意したい。

*勾配の影響

登り勾配でスピードが落ちるのは理解しやすいが、じつは下り勾配でも安全のために速度を抑えるので、こちらも制約になる可能性がある。

*臨時の徐行

工事などの理由により、一時的に速度制限がかかる場合がある。大規模な改良工事を行なう際には、線路を仮設のものに移設するため、カーブがきつくなって速度制限が加わったり、速度が抑えられたりする。

駅間の所要時間にかかわる「3要素」とは

素人考えでは、「最高速度が速ければ、目的地に早く着く」と思いがちである。それが証拠に（？）高速道路でひたすらアクセルを踏みこんで速度を追求するドライバーを見かける。

しかし、いくら疾走（しっそう）しても、途中のサービスエリアで大休止すれば、トータルの所要時間はあまり縮まらない。

鉄道でも、最高速度だけに着目するのでは不十分。駅間の所要時間には、「加速度」「減速度」「最高速度」の3つの要素がかかわるからだ。

加速度と減速度は、1秒あたりの速度の増減を示す指標で、単位はkm/h/s。加速度と減速度が高くなると、その分だけ最高速度で走れる時間が長くなる。ただし、速度が高くなるにつれて加速が鈍（にぶ）るので、「常に加速度は一定」という前提で考えると大間違いになる。

これが何を意味するか。じつは、最高速度の引き上げが

効果を発揮するのは、最高速度で長く連続して走っていられる場合なのだ。

　ひんぱんに加減速をくり返す場合には、額面上の最高速度を高く設定しても、その性能をフルに発揮することができない。停車駅の間隔が短ければ、最高速度に達する前にブレーキをかけなければならないことになる。

　したがって、都市部の通勤電車では最高速度よりも加減速性能を高めるほうがよい。

　それが顕著(けんちょ)に出ている一例が、ＪＲ山手線。運転台の後ろで「かぶりつき」をしながら観察するとよくわかるが、停車する駅のホーム端に差しかかった時点でも、まだかなりのスピードを出している。

　そこから一気に減速して、ホーム終端(しゅうたん)でピタリと止めている。ブレーキをかけ始める位置をギリギリまで追いこむことで、所要時間の短縮につなげているわけだ。

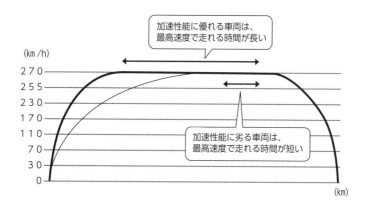

【図3.3】加減速性能に優れる車両は、最高速度で走れる時間が長くなり、結果として所要時間の短縮につながる

最高速度275km/hより、240km/hのほうが速い?!

かつて上越新幹線で、200系の一部編成に改造を施して、最高速度275km/hで走れるようにした（F90～F93編成）ことがある。

ただし、このスピードを出せるのは下り列車の上毛高原～浦佐間に限られていた。下り勾配を加速に援用できて、しかもトンネルが大半を占めるので騒音問題が発生しない、という条件を活かした結果である。

では、その効果はいかほどだったか。

275km/h運転を行なう「あさひ1号」は、上野～新潟間を1時間36分で走った（1990〈平成2〉年10月のデータ。途中停車駅は長岡のみ）。

それから30年後、2020（令和2）年8月時点の時刻表では、「とき311号」が東京～新潟間を1時間37分で走破していた（途中停車駅は大宮のみ）。

車両はE2系10両編成で、最高速度は240km/h。東京～上野間は停車列車の場合で5分かかるが、この数字を加味すると、最高速度が低い「とき311号」のほうが速いことになってしまう。

このことからわかるのは、一部の区間に限定して275km/hへの〝象徴的な最高速度引き上げ〟を行なうよりも、全体でコンスタントに240km/hで走るほうが、トータルでは速くなるということ。

最高速度ばかり気にしていると、真のスピードアップ効果を見逃してしまう一例といえる。

E8系の最高速度が300km/hに止まった理由

このような事情があるから、東北新幹線でも途中停車駅が多い「つばさ」に充てるE8系は、最高速度300km/hでも実用上は問題ないという判断が成立する。

一方、停車駅が少ない「はやぶさ」「こまち」で使用するE5系やE6系は、最高速度を320km/hに引き上げる意味がある。

具体的な数字を挙げてみよう。東北新幹線でE5系の「やまびこ67号」（最高速度275km/h）に乗車して、東京から仙台に向かったときに、スマートフォンの速度測定アプリで速度を実測してみた。

まず、停止状態から275km/hまでの加速に要した時間は4分10秒程度。平均加速度は1.1km/h/sとなる。同じペースでさらに加速すると、300km/hに達するには4分32秒程度、320km/hに達するには4分50秒程度を要する計算だ。

しかし実際は、速度が高くなるほど抵抗が増して加速が鈍るから、さらに時間がかかる。

この数字をもとに、区間ごとの所要時間短縮効果について考えてみた。

＊大宮→宇都宮

「やまびこ67号」は所要28分。途中に小山駅（通過）を挟んでおり、最高速度で走れる時間は相応にある。

ただし、この区間は「はやぶさ・こまち」も最高速度275km/hに制限されるので、宇都宮停車に伴う加減速以外の差は発生しない。

＊宇都宮→郡山

「やまびこ67号」は所要27分（途中の那須塩原、新白河は通過）。宇都宮以北は「はやぶさ・こまち」の最高速度が320km/hに上がるので、275km/hで走る「やまびこ」との所要時間差が開く。つまり、最高速度の引き上げが効く。

＊郡山→福島

「やまびこ67号」は所要13分。275km/hで走る時間は概算で4〜5分程度だった。しかし、そこからさらに320km/hまで加速するとなると、最高速度まで加速したと思ったら、もう減速しなければならない。これでは最高速度引き上げの意味がない。

　以上のような事情を勘案（かんあん）すると、「やまびこ・つばさ」の最高速度を320km/hまで引き上げても効果は薄いことがわかる。だからＥ8系は最高速度を300km/hに止（とど）めた。

　すると、空力騒音対策のためにノーズを長くする必然性が下がり、ノーズの短縮、そして定員の増加が可能になる。

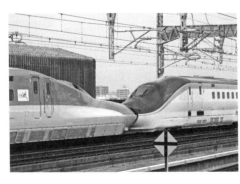

【図3.4】E5系と併結して走るE8系。E5系の最高速度は320km/hだが、E8系は300km/h。併結時は、もちろんE8系に合わせて最高速度300km/hになる

始発〜終着の
所要時間を算出する

　ここまで、駅間の所要時間について述べてきた。次の段階として、「始発駅から終着駅までの時間」を算出する。

　途中で何回も停車と発車をくり返すのが一般的だから、全体の所要時間は「走っている時間」と「停車時間」の総和になる。

「総所要時間を先に決める」アプローチ

　鉄道が得意とするのは大量高速輸送であり、それがもっとも活きるのは大都市圏の通勤・通学輸送と、都市間輸送だろう。

　ことに都市間輸送の場合、マイカー、高速バス、距離と区間によっては航空機とも競合する。そうしたライバルに打ちかつ手段の1つに、速達性のアピールがある。

　おそらく、一般的には停車駅を決めたうえで駅間の所要時間、それと各駅の停車時間を積み上げて総所要時間が決まるアプローチが多いと思われる。

　しかし、都市間輸送においては、所要時間の短縮は常について回る課題だから、先に始発駅から終着駅までの総所要時間を決めてしまうこともあり得る。

　つまり、（もちろん、現実的に実現可能な範囲内でのことだが）「○○〜△△間、最短×時間××分！」とアピールする場面である。わかりやすいところでは、1992（平成4）年3

月に東海道新幹線で「のぞみ」が運転を開始したときの、「東京〜新大阪間2時間半」が挙げられる。

こうした速達化は、競合する輸送機関に打ちかって利用者を引きこむだけでなく、新たな需要を創出することにもなる。

これを実現する手法は複数ある。まず「手持ちの車両をそのまま使い、停車駅を絞ったり最高速度をギリギリまで引き上げたりして所要時間短縮を図る」手法。また、「新型車両の投入、ときには新線の建設までやって所要時間短縮を図る」手法もある。その極め付きが新幹線といえよう。

【図3.5】東北・北海道新幹線の「はやぶさ」は、東京〜新函館北斗間を4時間台前半で走る列車が大半を占めるが、2024年3月改正ダイヤでは、下りの7号が所要4時間を切った。一部の列車だけでも、フラッグシップとして速さをアピールする役には立つ

　どちらにしても、まず最速列車を需要が多そうな時間帯に投入することが最優先となる。東京〜新大阪間の「のぞみ」は所要時間がおおむね揃(そろ)っている一例だが、列車ごとに停車駅を変えるために所要時間が凸凹(でこぼこ)する事例もある。

　たとえば、札幌〜釧路間を走る特急「おおぞら」は6往復あるが、所要時間は20分ぐらいの幅がある。下りの最速は「5号」で、所要4時間5分。対して上りの最速は「4号」で3時間57分、「12号」がそれに続く3時間59分となっている。

　面白いことに「おおぞら」は下りだと4時間20分台の列車が3本あるが、上りは長くても4時間10分台に収まっている。

【図3.6】特急「おおぞら」は列車によって10〜20分程度、所要時間が異なる。上りの最速列車は釧路〜札幌間で4時間を切る

停車時間も無視できない

　都市部では駅の数が多いので、そのすべてに停車すると、停車時間の総和は無視できないものになる。たとえば、JR山手線には全部で30の駅があるから、そのすべてに30秒ずつ停車するとトータル15分になる。

　そこで、山手線の外回り列車について、いくつか所要時間を見てみたい。データは2023（令和5）年12月現在、東京駅の時刻表を使用した。

・4：49発の始発「461G」は、5：55に再び東京駅を発車する。所要1時間6分。
・8：31発の「707G」は、9：41に再び東京駅を発車する。所要1時間10分。
・12：33発の「1117G」は、13：38に再び東京駅を発車する。所要1時間5分。
・17：32発の「1603G」は、18：42に再び東京駅を発車する。所要1時間10分。
・23：32発の「2245G」は、24：41に再び東京駅を発車する。所要1時間9分。

　このように、同じ山手線でも時間帯によって一周の所要時間が違う。
　この差は主として、駅停車時間の長短によって発生する。ラッシュ時には、とくに東京、渋谷、新宿、池袋、上野といった主要駅で乗降が多くなり、その分だけ停車時間が延びるから、それを前もって見込んだダイヤを設定して

いるわけだ。

　所要時間を詰めるために、無理して停車時間を切り詰めるのは、賢明ではない。停車時間のあいだに乗降が終わらなければ、結局、遅延の原因をつくるだけである。

　なお、停車時間は客扱いだけでは決まらない。待避やすれ違い（交換）があれば、当然、分岐器の切り替えが発生する。

　単線区間で、反対方向から来た列車が到着する場面を想定してみよう。対向列車が到着するまで、前方の分岐器は対向列車が隣の線に入る方向に進路を構成している。そして、対向列車が到着すると、分岐器を切り替えて、先に到着した列車を出せるようにする。

　ただし、「対向列車の到着」から「分岐器の切り替え」までのあいだには、余裕を持たせて若干の時間をおくし、分岐器の切り替えそのものにかかる時間もある。こうした一連のプロセスに要する時間も、考慮に入れなければならない。

停車時間の増加が遅延をつくる

　ときには、利用者が恒常的に多くなり、ダイヤ作成時に見込んだ停車時間では足りなくなる場面も発生する。

　たとえば、都市部を走る、運転間隔が短い路線で停車時間が延びて遅延が発生すれば、後続列車が頭を押さえられる結果になり、遅延が次つぎに波及してしまう。

　そこで、拙著『図説　鉄道配線探究読本』でも取り上げている「交互発着」が登場することがある。

　交互発着とは、同一方向に２線を確保して、片方の線に

到着した列車が客扱いを行なって発車するあいだに、もう１線に後続の列車を入れる。これを交互にくり返すもの。ＪＲ中央快速線の新宿駅が知られているが、ＪＲ東海道本線の主要駅でも見かけることが多い。

　東京メトロは東西線の南砂町駅（みなみすなまち）でホームと線路を増設する工事を実施しているが、これも交互発着を実現するのが目的だ（2027〈令和9〉年度の完成を予定）。

　南砂町駅は周辺の宅地化が進んだことにより、利用者が大きく増えているが、その半面で乗降にかかる時間も増えており、停車時間が延びて後続列車が詰まる場面が多発している。それを解決するのが狙いだ。

【図3.7】東京メトロ東西線、南砂町駅のB線ホーム。居並ぶ鉄骨の向こう側でホームと線路を増設する工事が行なわれ、2024年5月13日に供用を開始した。ただし、交互発着が実現するのは2027年度の工事完成後となる

この停車時間の増加は、ローカル線でも発生することがある。ワンマン運転を行なっているところに、イベント開催などで多数の利用者が押し寄せたとき、客扱いに手間どるのが原因だ。

「余裕時間」を設定して遅延を解消する

実際にダイヤを作成する際には「走っている時間」と「停車時間」の総和に、「余裕時間」を上乗せする。

これは、何かしらの原因で遅延が発生したときに、少々の遅延なら取り戻せるようにするためのもの。たとえば、余裕時間を1分上乗せすれば、1分までの遅延は回復できることになる。

だから余裕時間があるに越したことはないのだが、ありすぎると今度は無駄にトロトロ走ったり、無駄に長く停車したりということになる。過不足のない余裕時間の設定は、永遠の課題といえるかもしれない。

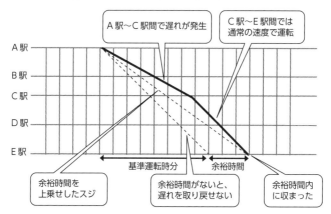

【図3.8】余裕時間を上乗せすることで、若干の遅延なら吸収できることになる

所要時間を短縮するための工夫

スピードアップとは「所要時間の短縮」を意味するが、そこには、さまざまな要素や用語が登場するし、運転の工夫もかかわってくる。そんな話をまとめてみた。

「最高速度」「平均速度」「表定速度」の違いとは

鉄道業界における速度の指標として、「最高速度」「平均速度」「表定速度」がある。最高速度はわかりやすいが、あとの２つはどのような意味なのだろうか。

まず、平均速度は「隣接停車駅間における所要時間と駅間距離」から割り出される数字で、走っている時間だけを対象とする。100kmの距離を１時間で走れば「平均速度100km/h」となる。

それに対して、表定速度は途中の停車時間も含んでいる。500kmの距離を５時間かけて走れば「表定速度100km/h」だが、これには途中駅での停車時間も含まれる。

途中に停車駅があれば、その前後で減速・加速が発生するので、最高速度で走り続ける場合と比べると所要時間が延びる。だから、途中停車駅を減らすと、当然、表定速度は上がる。

また、同じ駅間距離でも、急曲線や急勾配で速度が抑えられる区間があると、速度を下げなければならないので平均速度が落ちる。逆に、曲線通過速度を高めたり、パワー

を上げて勾配に強くしたりすると、平均速度の向上につながる。

【図3.9】デビュー当時、「最高速度・表定速度・駅間平均速度」で当時の世界記録を奪還した500系新幹線電車。写真は、8両編成に短縮された現在の姿

「省エネ運転」と加減速の関係

　現在、ＪＲ山手線では自動運転を導入する計画が進んでいる。その試験の模様が報道公開されたときに出た話として「省エネ運転」があった。

　じつは、都市部の通勤電車は走っているあいだ、常に力行（加速走行すること）しているわけではない。速度が乗ったところでパワーを切って、惰力で走っている（「惰行」と呼ぶ）。走行抵抗が少ないから、そのやり方が成立する。

　では、省エネ運転を行なうにはどうするか。

　まず、最高速度を控えめにすれば、加速のために使う電

力が少なくなるので省エネにつながる。しかし、それでは駅間所要時間が増えてしまう。

そこで、加速度と減速度を高める。最高速度を控えめにする代わりに、そこまで一気に加速することで時間を稼ぐわけだ。

駅停車の際にも減速度を引き上げて、一気に止める。こうして加減速に要する時間が短くなれば、そのあいだで惰行する時間を長くとれるので省エネになる——という理屈だそうだ。

逆に、駅停車の際に減速度を抑えて、ゆっくりと進入・停止する運転がJR北海道で行なわれている。これは、積雪・凍結が発生する冬季でも安全に止まれるようにという理由で、それを雪のない季節にも同様に行なっている。

もちろん、ゆっくり減速する分だけ所要時間は延びるが、駅間距離が長いことが多いので、トータルではあまり問題にならないだろう。

加減速性能を高めて〝逃げ足〟向上

加減速性能を高めれば、最高速度で走っていられる時間が長くなる。これを、やや極端なかたちで活用しているのが、阪神電鉄の各駅停車。

阪神電鉄は駅間距離が短いので、各駅停車には加減速性能を高めた専用の車両を充てて、「グワーッと加速して突っ走り、ギュッと停めて所要時間を短縮する」運転をしている。こうすることで、次の待避駅に早く逃げこみ、あとから追いかけてくる優等列車に対して早く道を空けるようにしている。

　具体的な数字を出すと、最新の5700系で、起動加速度が
4.0km/h/s、減速度が4.5km/h/s。優等列車用の1000系だ
と起動加速度は3.0km/h/s、減速度は4.0km/h/sだから、
その差は歴然としている。

　ここまで極端ではないが、東海道・山陽新幹線のN700
系一族は、起動加速度が2.6km/h/sと、新幹線電車として
は異例といえるほどに高い（一般的には1.6km/h/sだ）。じ
つはなんと、ＪＲ京浜東北・根岸線で使われているE233系
1000番台の2.5km/h/sを上回る加速力なのだ。

　この加速力のよさは、とくに「こだま」で効いてくる。
最高速度で走れる時間を長くとり、待避駅に早く逃げこむ
効果を発揮するからだ。

【図3.10】阪神電鉄では、加減速性能に優れた車両を製造して、各駅停車の専任と
している。あとから追いかけてくる優等列車の頭を押さえないためだ

【図3.11】N700系の一族は、新幹線電車としては例外的な高加速性能を持つ。しかも最高速度は300km/hと高い

JRで使用されている「速度種別」とは

　もう1つ、国鉄～JRで用いられている「速度種別」の話を取り上げておきたい。

　これは、個々の車型ごとに「直線の登り10‰（パーミル。10‰は水平に1000ｍ進んだとき、10ｍ高くなる）傾斜角度勾配における均衡速度」を示したもの。

　均衡速度とは、車両が持つパワーと、車重・勾配・空力などに起因して発生する走行抵抗が釣り合ったときの速度という意味となる。

　速度種別の書き方は独特だ。まず在来線では、100km/hを「Ａ」として、10km/h下がるごとにＢ、Ｃ、Ｄ……Ｋまで変化する（〝Ｉ〟は数字の〝１〟と間違えやすいので使わ

ない）。

　つまり90km/h台ならB、80km/h台ならC、10km/h台
ならKだ。新幹線では、200km/h台が「S」（Superの意）、
300km/h台が「U」（Ultraの意）となっている。

　しかし、これだけでは区切りが大雑把すぎるので、後ろ
に１〜２桁の数字を加える。

　たとえば、在来線で「A 45」とあれば、「直線の登り10
‰勾配における均衡速度は145km/h」という意味になる。
「A 25」なら125km/hだ。B以下では数字は１桁で、たと
えば「D 5」なら「直線の登り10‰勾配における均衡速度
は75km/h」という意味になる。

　新幹線の「S」と「U」は100km/h刻みになってしまう
ので、後ろに付加する数字は必ず２桁になる。「U 43」と
あれば、「直線の登り10‰勾配における均衡速度は343km
/h」という意味だ。

　なお、最高速度が同じだからといって、速度種別も同じ
とは限らない。たとえば山陽新幹線では、かつての500系
の16両編成と、現在のN700系16両編成では、同じように
最高速度300km/hで走っていても、速度種別が異なる。

　速度種別ではパワーと抵抗の釣り合いが問題になるの
で、同じ系列の電車でも編成中に占める電動車の比率が変
わると、速度種別が変化することがある。

　その場合、速度種別の末尾にアルファベットを付けて
「同じ車型でも異なる運転曲線にもとづいて基準運転時分
を出しますよ」と示すこととなる。

500系とN700系の性能の違い

16両編成の500系とN700系は、いずれも山陽新幹線内を最高速度300km/hで走っている（いた）。それなら性能は同等なのかと思うと、さにあらず。500系16両編成の速度種別はU49、対してN700系の速度種別はU43。つまり10‰登り勾配での均衡速度は500系のほうが少し速い設定となっていた。

N700系16両編成の主電動機出力は17080kW。対して500系は17600〜18240kW。このパワーの差だけでなく、走行抵抗の差も影響したと思われる。500系は車体断面が小さく、表面積も少ないため、とくに空力的な走行抵抗が少ない。もともと320km/h運転を目指したからだ。

しかし諸般の事情から300km/h運転になったので、結果的に性能過剰になった一面がある（だから、第2編成から少し出力を下げた）。それが速度種別の違いにも現れたのではないか。ちなみに、今の500系8両編成の速度種別はS80、最高速度は285km/hだ。

N700系8両編成の速度種別はというと、U39（最高速度は300km/h）。つまり、同じN700系でも編成両数によって速度種別が違う。16両編成と異なり、8両編成は全電動車。1両あたりのパワーは後者のほうが大きいはずなのに。

こうしてみると、重量や両数に対する単位当たり出力だけでなく、編成全体での絶対的な出力の大小も影響するのだとわかる。16両編成のほうが、編成総出力が大きい分だけ余裕があるといえそうだ。

4章

スピードアップと効率を両立させるワザ

多くの人にとって、移動は目的ではなく手段。だから、鉄道には常にスピードアップが求められる。だが、一方で沿線住民を満遍なく乗せる効率性も必要だ。両者のバランスをどう取るか？　ここが作成者の腕の見せどころとなる。

スピードアップを達成するための手法

　一般的に、旅客でも貨物でも「早く移動したい」という
ニーズがある。だから、新幹線では速達列車に利用が集中
するし、「うちの市内の駅にも急行を停車するようにして
ほしい」というように、自治体が事業社に陳情する事例も
多い。

　あるいは、事業社が「快速列車の運行をすべて取りやめ
て、各駅停車に統一する」といえば、沿線住民から反対の
声が上がる。

　運転本数を増やす観点からいえば、すべての列車が同一
所要時間で、スジが並行するのが最善だが、それでは速達
性をアピールするのは難しい。

　では、移動に要する時間の短縮、すなわち「スピードア
ップ」を実現するためには、どのような手段があるのだろ
うか。

手法❶ 停車駅を減らす

　途中駅に停車すると、所要時間を増やす原因になる。停
車時間だけでなく、その前後の減速・加速も含めると、停
車せずに素通りする場合との所要時間差は案外と大きくな
るものだ。

　そこで、一部の途中駅を通過する列車を設定する場面が
出てくる。いわゆる「急行運転」である。停車駅を少なく

することは、もっとも手っとり早い所要時間短縮の手段と
なる。

　じつは、乗客の側からすると、数字よりも気分の面で停
車駅を減らすことの意味は大きい。途中の駅すべてに停車
すると聞いただけで、「うわっ、遅そう」と思ってしまうの
ではないだろうか。実際には、そんな単純な話にはならな
いのだが……。

手法❷ 最高速度か加減速度を引き上げる

「スピードアップ」と聞いたときに、真っ先に想起される
のは最高速度の引き上げだろう。速く走れば早く着く、と
シンプルに理解しやすい。

　また、ことに新幹線や特急列車では、最高速度の引き上
げには「速さの象徴」「技術力の誇示」という意味もある
し、ときにはそれが「国威の発揚」にまで発展することも
ある。

　しかし、３章で述べたように、最高速度の引き上げが効
果を発揮するのは、最高速度で走り続ける時間が長い場合
に限られる。このことを念頭においておかないと、額面上
の最高速度引き上げのために効果が薄い投資をすることに
なってしまう。

　逆に、停車駅が多い場合には、これも３章で述べたよう
に、加減速性能の向上が効く。だから、停車駅が多い列車
にこそ、加減速性能に優れた車両を入れる意味がある。

　各駅停車の逃げ足が早まると、あとから追いかけてくる
優等列車の頭を押さえにくくなるので、優等列車の運行上
にもプラスの影響がある。

手法❸ 曲線通過速度を引き上げる

　では、最高速度で走れる区間を短くしてしまう理由には何があるか。途中駅の停車はもちろんだが、それに加えて「曲線通過速度の制限」がある。

　どんな乗り物でも、旋回（せんかい）すると遠心力の影響を受けるが、鉄道の場合、それが乗り心地（ごこち）の悪化、さらには脱線・転覆（てんぷく）といった事態につながる。

　そこで、曲線半径の大きさ（カーブのきつさ）に応じて速度制限をかけている。当然、速度制限がかかる曲線があれば、その手前で減速しておかなければならない。

　ということは、曲線が多いとひんぱんに加減速をくり返すことになるし、もちろん最高速度では走れなくなる。「それなら、曲線を速く走れるようにすればよいのでは？」と、口でいうのは簡単だが、実現するのは難しい。

　曲線区間では外側のレールを高くして車体を内傾させるようにしている（「カント」と呼ばれる）が、それとて限度がある。傾けすぎると、そこで列車が停車したときに内側にひっくり返ってしまうからだ。

　そこで、軌道側のカントはそのままとし、車両だけ内側に傾斜させればいいという考えができた。

　それがいわゆる「振子車両（ふりこ）」。本書は車両技術の本ではないから詳細は省（はぶ）くが、曲線区間で車体を内傾させるメカを備えた車両なら速く走れる、というところだけ理解していただきたい。とくに在来線では効果が大きい。

　じつは、新幹線でも無視できない効果がある。たとえば、東海道新幹線では曲線半径2500ｍの曲線が随所（ずいしょ）にあ

【図4.1】山陽新幹線の徳山駅で。停車している列車（右）と通過している列車（左）
の「車体の傾きの違い」に注目。通過線にだけカントを付けているので、こうなる

【図4.2】JR四国のN2000系気動車。振子機構によって車体を傾斜させているた
め、車体中心が左右のレールの中間とずれている様子がわかる

り、255km/hの速度制限がかかる。そこで車体傾斜機能を備えたN700系を投入して、曲線半径2500mでも270km/hで走れるようにした（現在は285km/h）。

すると、速度低下とその前後の加減速に起因する時間的なロスがなくなり、所要時間を短縮できる。

また、一定の速度で走り続けられるので、減速して運動エネルギーを熱として捨てるロスや、その後の再加速に要する電力消費が減り、省エネにもなる。こういう仕掛けがあってこそ、最高速度の引き上げも効いてくる。

手法❹ 駅の通過速度を引き上げる

速度を抑える要因は、曲線区間だけではない。駅にある分岐器（ぶんきき）も速度を抑える原因をつくる。

【図4.3】JR四国、高徳線の勝瑞駅は1線スルーの典型で、通過列車は上下とも分岐器の直線側（向かって右側）のホームを通る

まず、片開き分岐器の直線側を通るよりも、曲線側を通るほうが速度を抑えなければならない。

両開き分岐器はさらに始末が悪く、どちら側を通ったとしても速度制限がかかる。それなら、通過列車は片開き分岐器の直線側を通るように配線改良すればよい。

ということで登場したのが、いわゆる「１線スルー」。駅の前後に設ける分岐器を片開きにして、かつ、通過列車

は下り・上りのいずれも分岐器の直線側を通過する。すると、分岐器に起因する速度制限を回避できる。さらに、分岐器のノーズ部にできる隙間をなくした「ノーズ可動式分岐器」を使う手もある。

ただし、分岐器の構造が複雑になり、コストが上がるので、新幹線以外の導入事例は少ない。最高速度160km/hで走る成田スカイアクセス線はわかるが、急行待避のため、東急大井町線の上野毛駅上り線に設けた事例が目を引く。

このほか、ホームに面した線を列車が高速で通過すると危ないので、通過列車はホームがない通過線を走らせる方法もある。新幹線の駅で多用されるが、在来線にも事例がないわけではない。もっとも、最近では可動式ホーム柵（いわゆるホームドア）が普及してきたので、通過列車に対する安全性は向上している。

【図4.4】上野毛駅の上り線に設置されているノーズ可動式分岐器。隙間がなく、高速で通過しても乗り心地や騒音の面で悪影響がない

手法❺ 途中駅での停車時間を短縮する

　途中駅に停車する列車では、駅停車時間も所要時間の一部となる。それなら駅停車時間を短くすれば、所要時間を短縮できる。

　というだけなら簡単だが、むやみに停車時間を減らせば、かえって乗降に起因する遅延の原因をつくる。

　都市部の通勤電車では、前述したように乗降にかかる時間が大きく影響する。そのため、通常は片側に３〜４か所ある側扉の数を増やし、乗降時間の短縮を図る事例がいくつかあった。京阪5000系の５扉車が嚆矢で、ＪＲ東日本や東急電鉄が導入した６扉車がそれに続く。

　また、側扉の数が少ないクロスシート車をラッシュ時に混雑区間に入れないようにするのも、乗降時間を確保する施策の１つ。たとえば西日本鉄道（西鉄）では、過去に２扉クロスシートの8000形を、ラッシュ時は天神（現・西鉄福岡）方面に入れないようにしていた。

　一方、小田急電鉄は「整列乗車を乱さない」という考えから、扉の数はそのままで幅を広げた1000形ワイドドア車を導入した。扉の幅が広がった分だけ開閉に時間がかかる傾向があったようにも思うが、ワイドドア車は東京メトロ東西線でも導入事例がある。

　このほか、優等列車の待避に工夫を施すことで、停車時間を詰めることはできる。抜く列車と抜かれる列車の双方が停車するより、抜く列車が通過するほうが、抜かれる側の列車にとっては停車時間を短くする効果につながる。これについては、あとで詳しく述べたい。

【図4.5】かつてJR山手線で使われていた6扉車。乗降の迅速化には効果があった

【図4,6】東京メトロ東西線の15000系は、全車がワイドドアを採用している

効率的な急行運転を
実現する方法

　本書では「急行運転」という言葉を、列車種別の「急行」
ではなく、「一部の（または多くの）途中駅を通過する、優
等列車の設定」という意味で使っている。では、その急行
運転をどのように実現するか。

停車駅の選び方がカギを握る

　前述したように、停車駅を減らすと所要時間の短縮につ
ながる。そして、急行列車と各駅停車のあいだに所要時間
差が生じると、途中で前者が後者に追いついてしまう。そ
のままでは「頭を押さえられた」かたちになり、各駅停車
と同じ速度になって速達性が発揮できない。

　理屈のうえでは、途中駅で待避を行なわずに急行列車を
走らせることもできる。しかし、この方法では各駅停車の
運転間隔を大きく開け、そのあいだに急行を割りこませる
かたちになる。

　結果として、各駅停車しか停まらない駅の利用者にとっ
ては、かえって不便になってしまう。急行の利用者にとっ
ても、駅に着いたときに急行がやってくるか、各駅停車が
やってくるかで所要時間が異なるため、所要時間のばらつ
きが激しくなる問題がある。

　しかし、施設上の制約から、このようなかたちでの急行
運転を余儀なくされる事例もある。

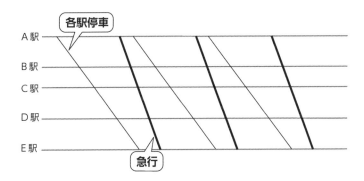

【図4.7】途中での待避なしで急行運転を行なうダイヤ。利用者からすると、あまり利
便性が高いものではない

　急行運転を行なう際に問題になるのが、どの駅に列車を
停めるか。各駅停車しか停まらない駅よりも、通過駅があ
る速達列車が停車する駅のほうが人気が上がるのは当然の
話だ。

　そのことが、近隣の不動産価格や商業施設の集積などに
も影響する。かくして、どこを速達列車の停車駅にするか
で、行政機構や政治家まで巻きこんでの大騒動が起きるこ
とはよくある。

　では、急行運転を行なう場合の停車駅の配分には、どん
なパターンがあるだろうか。

停車駅の選定❶ ノンストップ

　始発駅を出ると、終着駅まで停まらない形態。中間駅の
利用を無視して、全区間を通す需要だけでも相当に大きい
場合には、看板列車として全線ノンストップの列車を設定
する。

亜種として、両端（りょうたん）の大都市圏内でいくつか停車する一方、中間をノンストップにするパターンがある。京阪本線や阪急京都本線の特急が過去に、京都・大阪市内に停車駅を限定し、中間をノンストップとしていたのが典型例。両線とも、現在はノンストップを設定していないが、その理由については、後述する。

　似たパターンとして、東京・八丁堀（はっちょうぼり）・新木場（しんきば）と停車したあとは蘇我（そが）までノンストップで走っていた、ＪＲ京葉線の通勤快速が挙げられる。

　東京～蘇我間の所要時間は、朝の上りで41～42分、夕方の下りで37分。東京～蘇我間はノンストップの特急でも33～36分だから、特急に近い駿足（しゅんそく）といえる。ちなみにこの区間、各駅停車だと50分ほどかかるから、速度差はかなり大きい。

　もちろん、蘇我ないしは蘇我以遠から都心に向かう乗客にとってはありがたい存在だろう。実際、この通勤快速を2024（令和6）年3月のダイヤ改正で廃止するという話が出たら、千葉市長などが反発する事態となった。

　それに対するＪＲ側の説明は、「乗車率の平準（へいじゅん）化と各駅における利用機会の増大を図るために各駅停車に統一したい」というもの。図らずも、あらゆる駅のあらゆる利用者が満足できるダイヤをつくるのは難しい、という話の典型になってしまった。

停車駅の選定❷ 主要駅に「飛び飛び停車」

　「主要駅に飛び飛び停車」はポピュラーなパターンで、途中の主要駅、たとえば大きな街の代表駅、乗降が多い駅、

他の路線と接続する駅にだけ停車させるというもの。

　わかりやすい事例としては、東海道・山陽新幹線がある。沿線に大きな都市、あるいは都市圏が飛び飛びに並んでおり、東京対各地だけでなく、沿線の都市・都市圏同士の往来も多い。

　すると、沿線の主要都市代表駅に「のぞみ」を停車させるのが、理に適ったダイヤとなる。それを、停車駅が多い「ひかり」がフォローしている。

停車駅の選定❸ 列車ごとに個別配分

　最近の整備新幹線で一般的になっているパターン。愛称名ごとに固定的に停車駅を割り振るのではなく、列車ごとに停車駅を変えて、トータルではどこの駅も平均的に列車が停まるようにする。

　これを実現するには、旅客の流動にかんするデータの収集が欠かせない。ニーズがある場所や時間を選んで停車させたいからだ。

　なお、山陽新幹線において「のぞみ」の一部が、姫路、福山、徳山、新山口といった駅に停車しているが、これも一種の個別配分といえる。

　ニーズがありそうな時間帯にピンポイントで停めるが、それぞれ異なる列車に停車駅を配分する。一部の列車だけ停車駅を突出して増やさないためだ。

停車駅の選定❹ 一部区間で各駅に停車

　基本的には主要駅に停車するが、一部の区間ではすべての駅に停車するパターン。途中の一部区間を各駅停車とす

るかたちと、途中から終点までを各駅停車とするかたちがある。

　たとえば東海道新幹線では、「こだま」の多くを名古屋行きにして、名古屋〜新大阪間は「ひかり」が各駅に停車して補（おぎな）っている。山陽新幹線の新大阪〜岡山間も同様といえる。

　また、ＪＲ東日本の新幹線は「東京対各地」の需要が多くを占（し）めているため、盛岡・新青森・新潟・金沢などの遠方に向かう列車は、東京寄りの区間で主要駅以外を通過して速達性を高めている。

　東京寄りの区間は、停車駅が多い、あるいは各駅に停車する列車がフォローしている。いわゆる「遠近分離型ダイヤ」である。

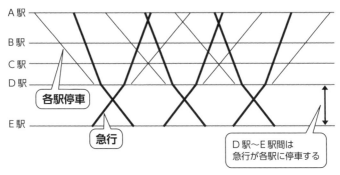

【図4.8】輸送需要が少なくなる末端部で、急行を各駅に停車させて各駅停車の代わりにする手法がある

　新手の事例として、2024年3月改正におけるＪＲ北海道の千歳線がある。この改正で快速「エアポート」を毎時5本から6本に増やしたが、一方で日中の普通列車は札幌〜

北広島間に短縮した。

　そのままでは、日中に北広島〜千歳間の快速通過駅に停車する列車がなくなってしまう。そこで、快速のうち毎時2本を、北広島〜新千歳空港間で各駅に停車する「区間快速」とした。

　これにより、北広島〜千歳間の快速通過駅では、改正前と同じ毎時2本の運転を確保した。

　ところが、北広島以南で各駅に停車する区間快速は新千歳空港行きになるため、別のネガティブな要素が生じた。新千歳空港方面の分岐駅である南千歳と苫小牧のあいだを走る普通列車がなくなってしまうのだ。

　そこで、千歳〜苫小牧間の普通列車を設定し、以前と同じ毎時1本ペースで行き来させている。苫小牧から見ると、以前は札幌行きだった普通列車が千歳行きに変わったことになる。

　この新ダイヤでは、北広島止まりの普通列車と区間快速

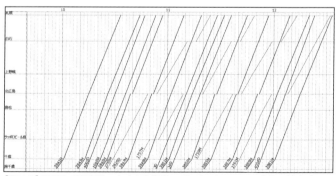

【図4.9】2023年3月改正における千歳線のダイヤから、10〜11時台の片方向だけを抜き出したもの。快速が北広島で普通を抜く緩急結合ダイヤになっている様子がわかる

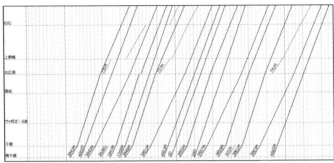

【図4.10】2024年3月改正における千歳線のダイヤから、同じく、10〜11時台の片方向だけを抜き出したもの。北広島〜新千歳空港間で区間快速（北広島から下でスジが寝ている列車）が各駅停車の代わりを務める様子がわかる

の接続の具合がよくないため、札幌〜北広島間の快速通過駅（苗穂、白石、平和、上野幌）と、北広島〜千歳間の快速通過駅（島松、恵み野、サッポロビール庭園、長都）のあいだの行き来は不便になった。「あちらを立てればこちらが立たず」の典型のようになっている。

停車駅の選定❺ 千鳥停車

　日本ではあまり見られないが、2種類の停車駅パターンを用意して、それぞれ1駅ごとに停車するパターン。どちらも停車駅の数は同じぐらいになり、双方の速度差を抑えて、列車ごとの所要時間を平均化する点が特徴だ。

　自分が乗った列車が目的の駅にも停車するのであれば問題ないが、乗車駅にだけ停車して降車駅は通過する場合、途中の駅で後続の列車に乗り換えなければならないデメリットがある。

　なお、種別としては各駅停車となっているが、物理的にホームがないので途中駅に停めることができず、「一部

の途中駅を通過する各駅停車」が出現することも、まれに
ある。

優等列車の停車駅は漸増していく

急行運転を行なう際に設定した停車駅が、ずっとそのま
まだとは限らない。多くの場合、停車駅は漸増する。その
理由は、周辺状況の変化と新規需要の掘り起こしが多い。

たとえば、通過駅に別の新線が接続したため、乗り換え
を容易にして利便性を向上させるために停車駅に格上げす
る事例がある。

小田急小田原線の急行は、営団地下鉄（現・東京メトロ）
千代田線が接続した際に代々木上原を、小田急多摩線が開
業した際には新百合ヶ丘を停車駅に加えた。

その急行より上位の速達列車として登場した快速急行
も、当初は下北沢〜新百合ヶ丘間をノンストップとして遠
距離の速達性を重視していたが、2018（平成30）年3月か
ら登戸を停車駅に加えている。

JR京浜東北線は田端〜田町間で日中に快速運転を行な
っているが、当初の停車駅は上野、秋葉原、東京だけだっ
た。

しかし、2002（平成14）年7月に浜松町（同年3月に、JR
東日本が東京モノレールを傘下に収めた件との関連）、2015（平
成27）年3月に神田（中央快速線との乗り換え利便性向上）と
御徒町（土休日のみ）が加わった。だから現在、土休日には
停車する駅と通過する駅が同数になっている。

ライバルに対抗するための新規需要の掘り起こしとして
は、東海道・山陽新幹線の「のぞみ」が、当初は一部、や

がては全列車とも、品川、新横浜、新神戸に停車するようになった事例がある。

　全体の所要時間短縮という観点からすると不利だが、神奈川県内・兵庫県内からの利用は容易になり、需要の掘り起こしにつながった。そして、最高速度を270km/hから285km/hに引き上げたことで、所要時間も当初の水準を取り戻した。

関西私鉄が「中間駅の停車」を重視した理由

　阪急京都本線や京阪本線の特急は、かつては京都・大阪市内だけ停車し、中間はノンストップにしていた。つまり、京阪間の往来にフォーカスしたダイヤである。

　ところが、並行して走るJR西日本の新快速が高速・高頻度運転を行なうようになり、真正面から太刀打ちするのは難しくなった。

　そこで、阪急や京阪は方針を転換。自社線の駅しかない中間部で需要を拾い上げるため、中間駅にも特急を停めるようになった。もっとも、ライバルの新快速も高槻や芦屋を停車駅に加えているのだが。

車両が停車駅を制約する

　普通、急行運転を行なう際には、利用が多い駅を選んで停車駅とする。ところがたまに、違う理由で停車駅・通過駅が決まることがある。

　たとえば阪神本線では、近鉄の車両で運転される快速急行が御影を通過する。近鉄の車両は阪神の車両より全長が長く、急カーブの途中にある御影に停車すると「車両とホ

ームのあいだが開きすぎて危ない」という理由だ。そのた
め、御影は特急も停まるのに、一部の快速急行が通過する
〝下克上〟が起きている。

　また、同じ阪神本線の芦屋は、ホームが6両分しかな
い。延伸しようにも、ホームの前後を踏切で挟まれている
ために不可能という事情がある。そこで、8両編成の快速
急行は芦屋を通過している。

　車両の寸法や編成両数ではなく、性能が問題になること
もある。函館本線・札幌〜旭川間の特急は、岩見沢、美唄、
砂川、滝川、深川に停車するのが基本だが、「オホーツク
2号」だけは例外で砂川と美唄を通過する。

　これは、「オホーツク」で使用している283系気動車だ
け、最高速度が110km/hに抑えられている件と関係があ
る。他の車両は最高速度120km/h、札幌〜旭川間を1時間
25分〜28分で走るが、283系の「オホーツク」は1時間35
分〜36分を要する。ストレートが多く飛ばせるだけに、最
高速度の違いがストレートに響く。

　そして「オホーツク2号」の後ろから、16分後に旭川を
出る「ライラック16号」が追いかけてきて、札幌の時点で
差を9分に詰めてしまう。2駅を通過して札幌〜旭川間を
1時間32分に詰めてもこれだから、砂川と美唄に停車した
ら、もっと差が詰まる。

　他の「オホーツク」は後続の特急との間合いが大きいの
で、美唄と砂川に停めても大丈夫なのだろう。

【図4.11】函館本線の札幌〜旭川間を走る特急のうち、「オホーツク」の283系だけ最高速度が抑えられているので、列車によっては停車駅を絞って所要時間差を縮めている

共通運用に求められる配慮

「この運用にはこの車型を充てる」と固定する場合もあれば、1つの運用に複数の車型を充てることもある。後者を「共通運用」と呼ぶ。

このとき、使用する複数の車型のうち、もっとも性能がいい車型に合わせてスジを引いてしまうと、それより性能が悪い車両ではスジに乗れなくなってしまう。

共通運用では、もっとも性能が悪い車型に合わせる必要があるが、そうすると性能のいい新型車両をつくっても性能を持て余すことになってしまうのだ。

利便性の高い急行運転を実現するアイデア

「途中駅を通過すれば速達化できる」のは当然だが、通過する駅の利用者が割を食うだけのダイヤになってしまってもよくない。

だから、スジを描く際にはさまざまな調整を行ない、できるだけ高いレベルでバランスをとろうとする。そのためには、いろいろな工夫が必要になる。

「緩急結合」によって利便性を高める

急行運転を行なう際に多用されるのが、途中で各駅停車が急行列車を待避する、いわゆる「緩急結合ダイヤ」。この方法が多用されるのは、以下のように利点が多いためだ。

* 急行通過駅の利用客は、各駅停車と急行を乗り継ぐことで、各駅停車だけを使用するよりも迅速に移動できる
* 急行の利用客が急行通過駅に行く際には、途中で各駅停車に乗り換えればよく、最初から各駅停車に乗る必要がない
* 急行が割りこむために、各駅停車の運転間隔を広げる必要がなくなる（または少なくなる）

緩急結合ダイヤを構成する場合、よくあるのは、始発駅において急行が出た直後に各駅停車を出す手法。こうする

ことで、後者がなるべく遠方まで逃げ切れるようにしている。その際の時間差は、短い場合で1分程度。

　一般的な列車運転間隔として見ると「1分」は詰まりすぎだが、先行する急行は途中駅を通過する分だけどんどん差を広げるので、問題にならない。

　ただし、各駅停車が急行を待避するには、待避可能な配線になっている駅、いわゆる「待避可能駅」が必要になる。単線区間で交換のために交換可能駅を必要とするのと似ている。

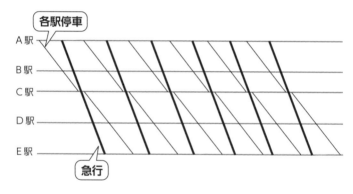

【図4.12】途中で待避を行ない、かつ急行と各駅停車の相互乗り換えを可能とするダイヤ。利用者にとっては利便性が高い。路線の中央付近で待避を行なうと、急行運転の速達効果が最大限に活きる

　しかし現実問題としては、待避可能駅の分布、急行列車の停車駅、各駅停車と急行の本数比率といった要因が影響するので、必ずしも理想どおりにいくとは限らない。東急目黒線のように、過去には各駅停車だけだったが、速達化を図るために、途中駅の武蔵小山駅を待避可能駅につくり

直した事例もある。

これは、目黒線の速達化によって、東横線の利用者を目黒線に誘導する狙いがあったためだ。投資に見合ったリターンを期待できるとなれば、こういうことも起きる。

どの駅で緩急結合を行なうのが効果的か？

急行と各駅停車の2本立てとする場合、それぞれの運転本数を同一として、路線の中央あたりに待避可能駅を設けて緩急を接続させるのが最善と考えられる。待避を行なう駅がどちらか一端に偏ると、各駅停車しか利用できない範囲が広くなり、バランスが崩れてしまうからだ。

たとえば【図4.13】の例では、D駅〜E駅間は距離が短く所要時間も少ないから、ここだけ急行を利用しても速達効果に乏しい。すると、A駅〜D駅間の急行通過駅利用者にとっては、D駅で乗り換えて急行を利用する「旨み」があまりないといえる。

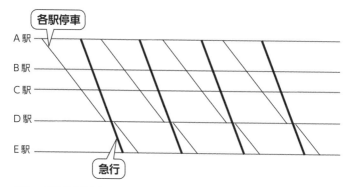

【図4.13】待避を行なう駅が路線の端に偏ると、速達効果を発揮できる範囲が限定される

先に例を示したJR北海道の千歳線では、上下とも、北広島駅で快速が普通を抜くダイヤになっている。そしてダイヤを見ると、北広島駅がほぼ中間に位置することがわかる（101ページ【図4.9】参照）。

　もちろん、「中間あたりで待避させたい」と思っても、都合のいい場所に待避駅がなければ始まらない。だから、ときには中間駅に副本線を増設して待避可能にするような事例も出てくる。

　東急では、先に挙げた目黒線の武蔵小山以外にも、大井町線の旗の台や上野毛（上り線のみ）のように、急行運転実施のために副本線を増設した事例がある。

　おそらく、副本線を増設する場所の選定に際しては、必要な用地を確保できるかどうかだけでなく、よいダイヤを組めるかどうかも考慮しているのだろう。

　整備新幹線では、待避ができる駅とできない駅が混在しているが、これは運行主体となるJR各社と協議を行ない、「こんな運行を考えている」という想定をしたうえで待避駅の配置を決めているようだ。

急行と各駅停車の運転本数が異なると…

　急行と各駅停車の運転本数が異なると、待避を行なうケースと行なわないケースが出てくる。その場合、列車に乗るタイミング次第で総所要時間が違ってくる。

　また、駅側では「次に出る列車がどこまで先行するか」を案内する負担が発生する。

　しかし、こういうかたちにならざるを得ない場面は少なくないようだ。たとえば「急行通過駅でも利用者がそれな

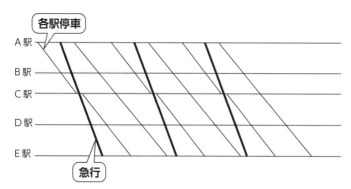

【図4.14】急行と各駅停車の本数が異なると、同じ駅間の移動でも所要時間のばらつきが生じやすい。タイミング次第では各駅停車しか使えなくなるためだ

りに多く、各駅停車の本数を確保しなければならない」という場面が考えられる。

　また、「各駅停車と同じ本数の急行を走らせると輸送力過剰になる」とか、「使える車両の数が足りない」といった場面もあり得るだろう。

意図的に緩急結合を避けるケースとは

　急行と各駅停車の相互乗り換えという観点からすれば、急行の停車駅で待避を行なうのが理想。そうすれば、「急行→各駅停車」「各駅停車→急行」のいずれも、乗り換えができる。

　ただし、これには1つ問題がある。待避する側の各駅停車は、停車時間が長くなってしまうのだ。結果として各駅停車の乗客からすると「待たされ感」が大きくなる。

　そこで新幹線で多用しているのが、「通過駅における待避」である。

たとえば、下り「こだま」の後ろから「のぞみ」が追いかけて来るときに、名古屋で同一ホームの両面に双方を停車させる代わりに、「こだま」を次の岐阜羽島まで先行させる。そして、後続の「のぞみ」は岐阜羽島で「こだま」を抜く。

　こうすると、「のぞみ」は瞬時に走り去ってくれるから、「こだま」が岐阜羽島に停車する時間を短くできる。結果として、名古屋で待避させるよりも「こだま」の所要時間は短くなる。

　その代わり、「こだま→のぞみ」の乗り換えはできるが、その逆はできなくなる。「のぞみ」から「こだま」停車駅に行く場合には、１本あとの「こだま」に乗り換えなければならない。

【図4.15】小田原駅を通過する500系「のぞみ」。255km/hで走っても、16両編成は5.7秒で通過してしまう

足並みを揃えるほうが「詰めこみ」が利く

　急行運転を行なう場合の理想は、「主要駅にだけ停車する速達列車が、途中で各駅停車をどんどん待避させて追い抜いていく」パターンだ。

　ところが、待避できる駅の数は限られているし、その待避駅で急行列車が各駅停車に追いついてくれないと、タイミングがずれてしまって待避ができない。

　そして、列車の運転本数が増えると、急行列車が各駅停車に「頭を押さえられる」場面が出てくる。つまり、速く走ろうとしても前方には先行する各駅停車がいて、追い越しができない状態だ。

　するとしまいには、「急行列車も各駅停車も所要時間はそれほど大差なく、途中の駅でドアが開くかどうかだけが違う」ということになってしまう。いわゆる「平行ダイヤ」である。

　じつは、多くの列車を詰めこもうとすると、すべての列車の足並みが揃っているのが最善だ。また、急行が各駅停車を追い越すと、どうしても、早く着く急行に利用者が集中してしまう。

　そこで、乗降に手間どって急行が遅れると、後続の各駅停車にも、さらにその後ろから追いかけてくる列車にも遅れが波及する。

　そして、遅れによって列車と列車の間隔が空くと、その分だけホームに多くの乗客が滞留して、それがまた遅延の原因をつくる。

　そうなると、「平行ダイヤにして、全列車の足並みを揃

えるほうが混雑が平準化する」という考え方も出てくる。
実際、ラッシュ時の急行運転をやめて、全列車を各駅に停
車させた事例もある。

　先に挙げたJR千歳線のダイヤを見ると、新札幌～南千
歳間の所要時間は、快速や特別快速と特急で、だいたい似
たような数字になっている。つまり、平行ダイヤに近いダ
イヤを構成して、詰めこみが利くかたちになっていると
えそうだ。

　しかし、快速や特別快速は特急よりも停車駅が多い分、
駅間でのスピードが速い。線路脇で観察していると、特急
より快速のほうが速く走っていることがある。

　特急に乗車している利用客にとっては、せっかくのスピ
ード性能を享受することができず、やや歯がゆさを感じる
ところではある。

【図4.16】千歳線の快速「エアポート」は、おおむね特急と並行するダイヤで走って
いる

列車種別の名称は
どう決められている？

　急行運転を行なうと、停車駅の内容ごとに識別のための
名称が必要になる。それがいわゆる「列車種別」だが、そ
の名称は、どのように決めているのだろうか。

JRと民鉄では、どんな違いがある？

　急行運転を行なうようになると、鉄道事業社の現場に対
しても、旅客に対しても、「すべての駅に停車する列車」と
「一部の駅を通過する列車」の違いを明示する必要が生じ
る。

　また、利用に際して特別料金（追加料金）を必要とする
列車と、そうでない列車が出現することもある。そこで
「列車種別」が登場する。

　国鉄〜JRグループの旅客列車では、まず「特別料金を
必要としない普通列車」がある。ただし、普通列車は必ず
しも「各駅停車」とは限らず、通過駅がある「快速」も普
通列車の一員だ。要するに「青春18きっぷ」だけで乗れる
のは普通列車である。

　一方、「特別料金を必要とする急行列車」という分類も
ある。いまは「特急」という1つの名詞になってしまった
が、これは本来「特別急行列車」のことであり、急行より
上位の列車を指していた。現在でもJR北海道の駅では、
「特別急行○○〜」という放送をすることがある。

ともあれ、国鉄〜ＪＲグループにおける序列は以下のようになる。

＊特別料金を必要とする列車

・超特急（新幹線で過去に存在）

・特急

・急行（現時点ではほとんど存在しないが、まれに臨時列車として設定することがある）

・準急行（かつて在来線に存在したが、現在はない）

＊特別料金を必要としない列車

・快速（その他の○○快速も含む）

・普通

　では、民鉄はどうだろうか。ご存じのとおり、こちらは「急行」「特急」だからといって特別料金が必要とは限らない。

　また、名古屋鉄道（名鉄）のように、同じ特急列車のなかで特別料金が必要な車両と、要らない車両が混在する事例もある。

　この場合の特別料金は、「速さを買う料金」ではなく「座席指定を買う料金」ということになる。

　一般的に、多くの民鉄で用いられる基本的な列車種別を、特別料金の要・不要を無視して速いほうから順番に並べると、「特急＞急行＞快速＞各駅停車」といった按配になるだろうか。

「直行」「高速」…かつて存在した風変わりな種別

　たいていの場合、前項で述べた基本的な列車種別に後述
する冠用語を加えて、上位・下位の区別をつけることで、
多種多様な列車種別を用意している。

　ところが、他に例がない、あるいは希少な、風変わりな
列車種別が出現することもある。

　その筆頭が、「直行」だろう。複数の鉄道事業社に事例が
あるが、途中に複数の停車駅を設定する場合と、字義どお
りに始発から終着までノンストップの場合があった。後者
の例は西日本鉄道（西鉄）で、天神（現・西鉄福岡）から筑
紫（ここに車庫がある）に向かう回送列車を客扱いした列車
だった。

　このほか、名鉄では「高速」を走らせていた時期があっ
た。当時、名鉄の「特急」は特急料金が必要で、それに対
して「特急料金は不要ながら、特急に近い速達性を持たせ
た列車」を「高速」と称したものだ。

　しかし、同じような停車駅の列車が複数本走るため、そ
の分だけ線路容量を食うことになる。「特急」と「高速」の
両方を満たせるほどに需要があればよいが、そうでなけれ
ば単なる無駄になってしまう。

　現在、名鉄では「特急」に集約して、そのなかで一部の
車両を座席指定制の「特別車」としているが、これは着席
ニーズと速達ニーズを両立させる、うまい手法といえるだ
ろう。

上位の種別が新たに設定される事情

　いったん停車駅として設定したものを、あとから通過駅にすることは、まずない。なにより、利用者がとまどう原因になるし、通過される駅の利用者からは当然、不満の声が上がる。

　そこで、ライバルの出現や新たな需要喚起といった事情で速達性を追求する必要が生じると、新たに上位の列車種別を追加するパターンが多い。

　小田急電鉄が急行の上位に「快速急行」を設定した事例や、〝隔駅停車(かくえき)〟と揶揄(やゆ)されるほど停車駅が多かった東急東横線の急行に対して、上位種別の「特急」が加わった事例が該当する。どちらも、JRの湘南新宿ラインの開業が影響している。

　京浜急行では、特急・急行・普通の３本立てだったが、そこに最上位の「快速特急」が加わった。ところがその後の変転により快速特急が主体となっていき、特急からすれば、あとから加わった上位種別に母屋(おもや)をとられたかたちとなっていた。

　ところが、2022（令和４）年11月のダイヤ改正で、再び特急が多数設定されるようになった。ときにはこういう復活劇も起きる。

「特別」「通勤」「区間」…種別に付く冠の意味とは

　列車種別におけるもっともシンプルなのは「各駅停車」と「急行」だけのかたち。しかし、需要にきめ細かく対応しようとすると、複数の停車駅パターンを使い分ける場面

も出てくる。

そもそも、先に挙げた「特別急行」や「準急行」も、「急行」に冠用語を追加して上位あるいは下位の種別を加えたものだ。

一般的に、上位なら「特別」を付ける。「特別急行」以外の事例としては、「特別快速」がある。一方、下位であれば「準」を付ける。「準急行（準急）」に加えて、JR九州には「準快速」の事例があった。また、京王電鉄では過去に「準特急」を走らせたことがある。

このほか、よく見る冠用語としては「通勤○○」と「区間○○」がある。

「通勤○○」はその名のとおり、朝夕のラッシュ時にだけ走らせるのが一般的で、単なる「○○」よりもいくらか停車駅が増えることが多いようだ。

【図4-17】かつてJR九州には「準快速」が存在した

【図4.18】阪急神戸本線の通勤特急。日中は8両編成だが、朝のラッシュでは2両増結した10両編成の通勤特急が登場する

　一方、「区間○○」は全区間ではなく一部区間のみを走らせるとか、一部区間だけ通過駅を設定するとかいった場面で登場することが多い。

　珍しい冠用語としては「超」がある。太平洋戦争より前に、阪和電鉄（現在のJR阪和線）で「超特急」を走らせた事例があるが、これは特急より上位の種別であることを示そうとした結果。

　もっとも、なじみ深さでいえば新幹線の「超特急」が筆頭だろう。東海道新幹線ができたときには、通過駅がある「ひかり」が超特急、全駅に停車する「こだま」が特急、と区別していた。

　しかしその後、「ひかり」の停車駅パターンが多様化したなどの事情から、「超特急」は使われなくなり、特別料金

も一本化された。

　そのあとに「超」が出現した事例としては、新潟県を走
る北越急行が2015（平成27）年3月から2023（令和5）年
3月まで運行していた「超快速」がある。特急なみに速い
というアピールを企図した命名というべきか。

　冠用語のなかには、上位・下位の区別ではなく、目的を
示すものもある。「エアポート快特」「エアポート急行」の
類いがそれで、これは空港連絡を第一目的とすることを名
前で示したものといえる。

　阪神電鉄と山陽
電鉄を直通する
「直通特急」も、
「乗り換えなしで
姫路から三宮まで
行けますよ」とい
うアピールを種別
名に盛りこんだ、
目的志向の事例と
いえるだろうか。

　目的というか、
エリアというかは
微妙なところでは
あるが、ＪＲ西日
本のアーバンネッ
トワークには「丹
波路快速」「大和
路快速」「紀州路

【図4.19】かつて阪和線に存在した「B快速」。B快速
があるからにはA快速もあったわけだが、そちらは先に
消滅した

【図4.20】種別ではないが、ときには発車標に団体臨時列車が現れることもある。写真は岡山駅のホームにて

快速」がある。

　これらは「快速に方面を示す名前を付けた地域密着思考・親しみやすさの現れ」といえよう。

　また、小田急電鉄にかつて存在した「湘南急行」は、それまで江ノ島線を走っていた急行よりも停車駅を絞り、「湘南地域に早く行けます」とアピールしたもの。もちろん、ＪＲの湘南新宿ラインへの対抗が狙いであった。

　ほかに言いようがなかったのか、アルファベットを付けた事例もある。その一例が、かつてＪＲ阪和線に存在した「Ａ快速」と「Ｂ快速」。「Ａ快速」はＪＲ仙石線にも事例があり、通常の快速よりも少し停車駅を減らしていた。

5章
ダイヤ作成の現場は
苦労がいっぱい

「需要や速達性を考えると、このダイヤが理想」といっても、そのまま実現できるとは限らない。実際には需要の増減や配線などの制約があり、そのなかで妥協を重ねながら「実現可能なダイヤ」にまとめている。

ダイヤの作成に縛りをかける要因

「需要や速達性を考えると、このようなダイヤで運行したい」といっても、実際に運行するためには、まだまだ考えるべきことはたくさんある。

　さまざまな制約があるなかで、利便性の高いダイヤをつくるために、妥協しながらまとめているのだ。

列車本数を増やすために必要な要素とは

　列車の本数を増やす場面では、車両の数だけでなく、線路設備・信号設備による制約も受ける。単線よりも複線のほうが多くの列車を走らせるのに好都合なのは容易に理解できるが、それだけではない。

　たとえば、駅間に1列車しか入れられないのと2列車入れられるのとでは、運転可能な列車の本数は単純計算で2倍違う。

　しかし、駅間に2列車を入れられるかどうかは信号システム次第。それができるシステムを備えていなければ実現できない。

　また、列車の運転間隔には、車両のブレーキ性能も影響する。走行中に非常制動（非常ブレーキ）をかけたときに、先行列車にぶつからないだけの間隔をとらなければならないからだ。

　それならば、ブレーキ性能を高めれば、列車と列車の間

隔を詰めて、運転本数を増やせる理由となる。

　ブレーキ性能が変わらなくても、速度が落ちれば間隔は詰められる。だから、先行列車が近づいてきたら段階的に速度を落とさせる仕組みがあればよいわけだ。大都市圏の鉄道は、そのようなかたちで信号保安システムを構築している。

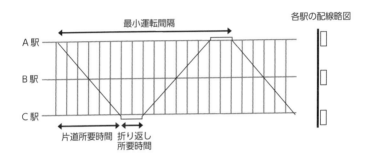

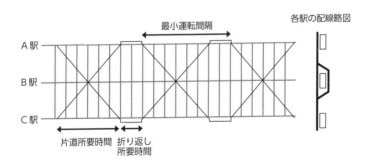

【図5.1】単線の場合、中間駅で交換できるかどうかで、運転できる列車の数が違ってくる

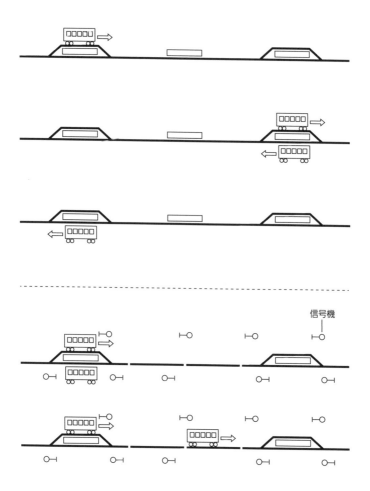

【図5.2】単線で、駅間に1つの列車しか入れられない信号システムになっていると、その列車が次駅に到着するまでは、次の列車を出せない（上）。しかし、駅間を複数の単位に区切り、個々の単位ごとに1つの列車しか入れられないかたちにすると、詰めこみが利くようになる（下）

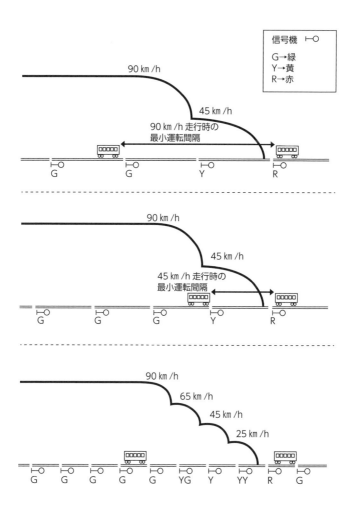

信号機 ├─○

G→緑
Y→黄
R→赤

90 km /h

45 km /h

90 km /h 走行時の
最小運転間隔

G　　　　G　　　　Y　　　　R

90 km /h

45 km /h

45 km /h 走行時の
最小運転間隔

G　　　G　　　G　　　Y　　　R

90 km /h

65 km /h

45 km /h

25 km /h

G　G　G　G　G　YG　Y　YY　R　G

【図5.3】先行列車との間隔は、走行速度に見合った長さを確保しないと、何かあっ
たときに止まりきれず、追突してしまう。90km/hで走っているとき(上)と、45km/hまで
減速したとき(中)を比較すると、後者のほうが間隔を詰められる。区間を細かく区切
って段階的に減速させる手法もある(下)

車両と乗務員が揃ってこそ、ダイヤは成立する

　ダイヤをつくるだけでは列車は走らない。実際に走らせる車両と、それを扱う乗務員が揃うことで、初めて列車の運転ができる。だから、列車の本数を多く設定しても、それを満たせるだけの車両や乗務員がいないと、運行は実現不可能である。

　車両はたいてい、「配置○編成で△運用」という言い方をする。検査や故障などに備えた予備を若干は持っておかなければならないから、手持ちの車両をすべて使い切ってしまうわけにはいかない。

　ただし、手持ちの車両をすべて使ってしまい、それが検査に入るときには運休というケースもある。

　たとえば、東武鉄道が2023（令和5）年7月に新型特急「スペーシアX」の運転を開始したときには、手持ちの2編成をすべて使う運用を組んでいた。

　しかし、それでは車両の検査ができないから、一部の列車に運休日を設定し、空いた車両を検査に入れるようにしていた。

　乗務員も事情は同じで、必要な行路の数よりも多くの乗務員が必要になる。休暇や病欠に備えなければならないからだ。

　また、乗務する列車はなくても出勤し、突発事態に備えて待機するような場面も出てくる。

施設や配線に合わせたダイヤづくりの妙

　たいていの場合、すでにある施設や配線の範囲で収まる

ようにスジを引くものだ。

　たとえば、待避駅が都合よく存在していればいいが、常にそうなるとは限らない。「急行運転をしたいが待避駅がない」ということも起きる。

　駅の拡張や番線の増加という話になれば、相当に多額の設備投資を必要とする。それに見合ったリターンが得られるかどうかを見極めなければ、投資の判断はできない。

　しかしときには、増発のために施設を増強することもある。東急東横線・祐天寺駅の上り線について、ホームの幅を削って外側に待避線を増設し、本線を通過線に改めたのは、その一例といえるだろうか。

　東海道新幹線で開業後に加わった５駅のうち、三島、新富士、掛川、三河安城は、いずれも本線の外側に副本線を増やしてホームを設けた。つまり、待避可能駅が増えた格好になる。

　東海道新幹線における途中駅の増加は「こだま」の所要時間増加につながる要素だが、「のぞみ」「ひかり」から見れば、待避可能駅が増えて、頭を押さえられにくくなったという見方もできる。

　西日本鉄道（西鉄）の天神大牟田線では、聖マリア病院前〜大牟田間に単線区間がある。そのままでは、すれ違いの際に、少なくともどちらか一方の列車が停車する必要があり、所要時間が延びてしまう。

　そこで、30分間隔で走る特急・急行が走りながらすれ違えるように、部分的に複線区間を設けた。所定ダイヤならこれでうまく回るが、ダイヤが乱れるとそうもいかなくなる。すると、いかにして単線区間に列車を滞留させずにさ

ばくかが、運転整理の勘所（かんどころ）となる。

　単線区間の途中に虫食い状に複線区間がある路線というと、ＪＲ羽越本線（うえつ）〜奥羽本線も知られている。もっともこちらは、可能な範囲で複線化した施設が先にあり、それに合わせてスジを引いているというほうが正しいだろう。

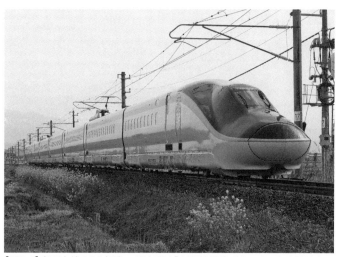

【図5.4】奥羽本線のうち福島〜新庄間は「山形新幹線」となっているが、現在も一部に単線区間が残っている

ボトルネックが全体を制約するケース❶

　全線が単線、あるいは全線が複線、といった具合に線路側の条件が揃っていれば、全線にわたって制約条件は平均的だといえる。

　ところが実際には、複線の一部に単線区間が混じっていたり、複線と複々線が混じっていたりする。

　たとえば、JR北海道の快速「エアポート」。札幌～南千
歳間は複線だが、南千歳～新千歳空港間が単線で、これが
ダイヤを制約している。

　長らく15分間隔（毎時4本）体制が続いていたが、需要
の増加を受けて2020（令和2）年3月のダイヤ改正で12分
間隔（毎時5本）、2024（令和6）年3月のダイヤ改正で10
分間隔（毎時6本）に増発された。しかし、おそらくはこ
れが限界である。

　南千歳～新千歳空港間の所要時間は、時刻表で見ると3
分。新千歳空港行きがこの区間を走っているあいだ、新千
歳空港から反対方向の列車を出すことはできない。

　2章で述べたとおり、新千歳空港駅のホームは1面2線
構成で、日中は常にどちらか一方の線に列車が待機してい
る（55ページ参照）。

　だから、新千歳空港行きが到着したら、入れ替わりに札
幌方面に向かう列車を出せる。といっても安全上、何がし
かの間合いはおかなければならない。このあたりの事情
は、南千歳も同様だ。

　すると、「南千歳→新千歳空港」の所要時間3分と、「新
千歳空港→南千歳」の所要時間3分、そして南千歳・新千
歳空港の両駅における余裕時間を合計すれば10分ぐらい
にはなってしまう。これが最小間隔と考えられる。

ボトルネックが全体を制約するケース❷

　輸送需要の増加を受けて、複線から複々線に増強した事
例は、大都市圏にいくつもある。ただし、全区間を複々線
にするわけではなく、とくに列車本数を増やしたい一部区

間のみということが多い。

　都心側のターミナル駅から郊外に向かう路線では、その途中駅に都心側から地下鉄が延びてきて接続し、そこで相互直通運転を実施する事例が多い。

　たとえば、小田急小田原線を見ると、新宿から東京メトロ千代田線が合流する代々木上原までは複線。代々木上原から登戸(のぼりと)までは複々線。登戸と向ヶ丘遊園(むこうがおかゆうえん)のあいだは上り線だけ複々線。その先は複線である。

　まとまった距離の複々線を実現できたので、優等列車が各駅停車に頭を押さえられたり、各駅停車が待避のために長時間停車したりする場面は解消できた。

　しかし複々線の前後に複線区間があるから、複々線を前提として運転本数を増やすと、その前後の複線区間が渋滞してしまう。

　すると、複々線で登戸方面から代々木上原まで来た列車のうち、どれだけを千代田線直通に回せるかが問題になる。複線で対応できる上限からあぶれた列車をすべて千代田線に流すことができれば、代々木上原〜新宿間はネックにならない。

　ただし、そうすると一大拠点である新宿に向かう人の流れが妨(さまた)げられることになるので、営業上は判断が難しいところだ。

業務上の理由で発生する「運転停車」とは

　既存の施設に合わせてスジを引いた場合、列車を止めたくないのに止めざるを得ない——そんな場面も出てくる。単線区間での交換（行き違い）が典型例だが、後ろから追

いかけてくる速達列車を待避する場面もある。

　また、乗務員をもやみやたらに長時間勤務させるわけには
はいかないので、長距離列車では適宜、交代させている。
そのためには、乗務員の基地がある駅に列車を停めなけれ
ばならない。

　客車列車や貨物列車は機関車で牽引（けんいん）するから、機関車を
付け替えなければならない場面も出てくる。非電化区間に
電気機関車を入れることはできないし、直流電化に対応し
た電気機関車を交流電化区間に入れることもできないから
である。

　こうした運転上の理由で発生する停車を「運転停車」と
いう。運転上の理由で停めるものだから、客扱いはなく、
ドアも開かない。貨物の積み降ろしも行なわない。単線区
間で特急に乗っていると、しばしば「対向列車との行き違
いのために停車します」という場面に遭遇するが、これが
典型的な運転停車である。

「どうせ停まるなら、停車駅にしてしまえばよいのに」と
思いそうになるが、利用者が少ない駅に特急を停める意味
は薄いし、いったん停車駅としたものを、あとから通過駅
に戻すというのも難しい。そこで、この運転停車の出番と
なるわけだ。

　本来、市販されている時刻表では運転停車を「通過」と
して扱う。だから、かつてはビックリするぐらい長い距離
にわたって通過駅が続々と並んでいる寝台特急が存在して
いた。

　しかし実際には適宜、乗務員の交代や機関車交換のため
に運転停車していたのである。

運転停車が招いた「能生騒動」

運転停車を客扱いの停車と勘違いした結果、発生した悲喜劇として有名なのが、北陸本線（当時。現在はえちごトキめき鉄道・日本海ひすいライン）能生駅の一件だ。

1961（昭和36）年10月のダイヤ改正で特急「白鳥」が設定された際、上り下りの「白鳥」が能生で交換するダイヤが組まれた。

これは、交換のための運転停車なのだが、駅に掲示された時刻表や市販の時刻表には、誤って停車時刻が掲載されてしまった。そのため、「通常の停車である」という勘違いが発生したのである。

「能生が特急停車駅に昇格した」と喜んだ地元は、ダイヤ改正初日に歓迎式典を行ない、上り下りの特急「白鳥」を迎えた。

しかし実際には運転停車だから、「白鳥」は扉の開閉を行なわず、黙々と発車していった。その状況を見送るのみだった地元関係者の落胆は見るにしのびないものであったに違いない。

設備保守のための時間は、どう設定される？

車両は決まった間隔で検査を行なうように定められているが、地上側の施設・設備も同様に、検査や修繕、ときには傷んだ設備の交換が必要になる。

そうした作業は列車が走っていないときに行なわなければならないので、ダイヤを作成する際には、設備の保守に

使うための空き時間を確保しなければならない。

　それが、もっともわかりやすいかたちで現れるのが新幹線。新幹線では通常、０時から６時までは「作業時間帯」（略して「作時帯」）に充てており、このあいだは営業列車を走らせない。

　作業時間帯に入ると、まず「線路閉鎖」の手続きを行ない、本線上に営業列車がいないことを確認するとともに、営業列車が線路閉鎖の対象区間に入らないように締め出しを行なう。

　そして、沿線に数十km程度の間隔で設けられている「保守基地」から保守用車がワラワラと出てきて、作業を実施する。

　その後、作業が終わったら、営業列車が走り始める前に保守基地に撤収する——という流れだが、これだけでは正確な説明とはいえない。

　じつは、作業時間帯のあいだに必要な作業を行なえるように計画を立てて、実施しているのだ。だから、ひと晩で行なえる作業の量には限りがあり、何日もかけて少しずつ作業を進めていく場面もある。

　それでも、まとまって６時間の作業時間帯をとれる新幹線はまだマシで、在来線ではもっと短い時間しかとれないこともよくある。

　ときには、利用客が少ないタイミングを狙って列車を運休し、そこで時間がかかる保守作業を行なうというケースもある。

【図5.5】東海道新幹線の野洲川橋梁で、夜間の作業時間帯にロングレール輸送車「LRA9200」がレールの積み降ろし作業を行なっている。下ろしたレールは、後日に更換作業で使用する

【図5.6】在来線では、営業列車の合間を縫って、設備の点検やメンテナンスを行なうのが一般的

時間帯、季節、イベント…
需要の増減に対応する

　曜日ごと、あるいは時間帯ごとの需要の増減にかんする話はすでに取り上げたが、列車の運転本数を増減させる際に、どのような考え方のもとで実現するか。そんな問題もある。

「盛るダイヤ」「間引くダイヤ」とは

　需要の増減に合わせて運転本数を変える際には、複数のアプローチが考えられる。

　まず「盛るダイヤ」。先に挙げた季節列車や臨時列車を多客期に増発するのは、典型的な「盛るダイヤ」といえる。

　ただし、すでに固まっているダイヤのなかに追加のスジをねじこむよりも、事前にそのつもりでスジを用意しておくほうが好ましい。

　もう1つが「間引くダイヤ」。最初から、可能な限り大量の列車を運転できるようなダイヤを作成しておいて、需要が少ないときには、そのなかから一部の列車を運転せずに済ませるというものだ。

　そのわかりやすい事例が、東海道新幹線。以下のデータはCOVID-19（新型コロナウイルス）のパンデミックに見舞われる前の数字だが、東海道新幹線の利用は曜日によって大きな変動があり、月曜日と金曜日で10万人ぐらいの差があったという。

10万人といえば、定員1323名の列車が約76本分である。つまり、月曜日と金曜日で、運転本数を76本も増減させないといけない理屈となる。これは曜日変動だが、それ以外でも、季節変動や沿線におけるイベントの有無など、需要の増減につながる要因がさまざまある。

　そこで東海道新幹線では、「のぞみ12本ダイヤ」——つまり「のぞみ」を毎時12本、さらに「ひかり」を2本、「こだま」を3本、合計17本を運転できる仕組みを構築した。

　ただし、朝から晩まで「のぞみ」を毎時12本走らせると、さすがに輸送力過剰となる。そこで需要の動向を見て、利用が少なそうな時間帯の列車を間引く。つまり「引き算のダイヤ」である。

　東海道新幹線の時刻表を見ると、「◆」の注が付いた、特定の日だけ運転する列車の設定が多い。これは、需要に合わせた間引きの結果だ。

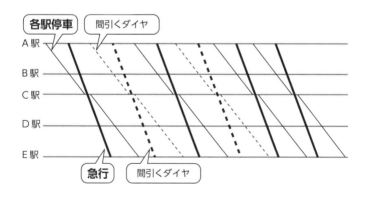

【図5.7】間引くダイヤのイメージ。限度いっぱいの列車を運転できる〝器〟を用意しておき、そこから引き算して実際に運転する列車を決める

そうはいっても、最初に決めた計画のままで押し通すとは限らない。指定席の販売状況を常にモニターしており、急にどこかの日、あるいは時間帯に指定席の需要が増えた場合には、間引いていたスジを〝復活〟させて、列車を追加運転することもある。

次の例も一種の「間引き」だが、ＪＲ北海道では石北本線の特急「大雪」や宗谷本線の特急「サロベツ」などで、閑散期に運休とする事例がある。これは、COVID-19のパンデミックによって利用が激減したのちにとられた措置だ。

当該列車は季節列車扱いになっていて、それゆえに列車番号は6000台。期間を区切って個別に、「何日に運転します」と告知するかたちがとられている。

臨時列車は「影スジ」「盛りスジ」で対応

時刻表で見ると、季節列車や臨時列車は運転日が限られるので、列車ごとに「◆」のマークを付けて、ひと目で区別できるようになっている。

いずれも、事前に計画を立てて、スジもあらかじめ引いておくのが一般的だ。運転しない日は、そのスジを使わずに済ませる。

こうしたスジのことを「影スジ」という。出たとこ勝負で既存のダイヤに臨時列車のスジを押しこむよりも、最初から臨時列車を入れる「器」を用意しておくほうが全体の最適化につながる。いざ運行するとなったら、必要な車両と乗務員を手配するだけで済む。

設定する臨時列車が優等列車の場合、途中で先行する普

通列車（各駅停車）などを待避させることがある。その場合、待避駅では普通列車（各駅停車）の停車時間を長くとらなければならない。

ところが、待避する相手が影スジの場合、そちらの運行がなければ待ちぼうけ。これを「カラ待避」という。

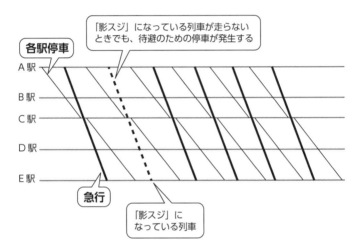

「影スジ」になっている列車が走らないときでも、待避のための停車が発生する

各駅停車

A駅
B駅
C駅
D駅
E駅

急行

「影スジ」になっている列車

【図5.8】影スジの例。点線の列車が臨時列車という想定

ときには事前に影スジを設定することができず、あとから新たなスジをねじこむこともあり、これを「盛りスジ」という。

たとえば、「ある車両が引退することになり、ラストランの特別運行を行なう」などといった場面が該当する。また、旅行会社がツアー向けに特別列車を仕立てる場面でも、盛りスジの出番となることがよくある。

盛りスジは既存のスジの隙間に追加の列車を押しこむか

たちになるため、いろいろと不利なところがある。単線区間では交換待ちの停車が多くなりがちになるし、複線区間でも待避などの関係で運転停車や長時間停車が発生することがある。

　もっとも、観光色が強い列車であれば、それを逆手にとって「眺めのよい駅で長時間停車」なんていう仕掛けができることもある。

【図5.9】2022年10月に行なわれた、281系気動車のラストラン。往時の「スーパー北斗」に合わせて途中停車駅を絞りこんだ設定だった。しかし、千歳線内では盛りスジの宿命で先行列車に頭を押さえられて、スピードを出せない場面もあったようだ

「影スジ」のさまざまな用途とは

　影スジには、通常の臨時列車以外の用途もある。

　たとえば、時刻表に載らない「団体臨時列車」が走ることがある。これは主として、修学旅行のように大人数が一斉に移動する場面で登場する。

特定の人だけが利用する列車であれば、時刻表に載せて告知する理由はない。しかし走らせるためにはスジを引く必要があるので、それは設定済みの「影スジ」を使う。こうすれば、列車の設定が容易にできる。

　また、業務の用に供する、乗客を乗せない列車を走らせることもある。

　その一例が、試験列車。「技術開発のために新しい装置を載せた車両を走らせる」「新型車両を動作検証のために走らせる」などの使い方がある。

　東海道・山陽新幹線の人気者「ドクターイエロー」もそれだ。

　これは正式には「電気・軌道総合試験車」という名称で、走りながら軌道や電車線（架線）、電力、信号、通信といった設備を検査している。検査・測定を行なうことから「検

【図5.10】JR東日本の試験車「MUE-train」。もちろん営業列車ではない

【図5.11】電車線を検査する装置を屋根上に設置して試験走行を行なうN700S。J
R東海は最初に製造したN700S・1編成を「確認試験車」と呼んでおり、こうした各
種試験の専任としている

測車」ともいう。

　この「ドクターイエロー」にしろ、JR東日本の新幹線
で使われている「East i（イーストアイ）」にしろ、臨時列
車のスジを用いて走らせるのが一般的だ。

　本線の検測走行は10日に一度ぐらいの頻度で行なわれ
るケースが多いが、専用のスジを引くのは線路容量の無駄
づかいとなる。

　それよりも、臨時列車が走らない日に、臨時列車のスジ
を使って走らせるほうが合理的である。

【図5.12】「ドクターイエロー」のような検測車も、臨時列車の影スジに乗せて走らせることがよくある

乗客数が予想を超えたとき、どう対応する？

　季節列車にしても臨時列車にしても、事前に「何日に○○から△△まで、こういう時刻で走らせる」と決めて準備しておく。

　ところがたまに、当日になっていきなり「列車を出す」と決めることがある。予想を超える多客になり、ホームが乗客であふれてしまって早急な対処が必要、といった場面がそれだ。

　たとえば、2023（令和5）年1月3日に、東海道新幹線で「のぞみ74号」（列車番号は9074A）が、新大阪〜東京間で運転された。この列車は当日になって急遽、多客に対応するために運転が決まったもの。スジは影スジを使うとし

ても、予定外の車両と乗務員を手配しなければならなかったはずだ。ただし、特発を出す可能性を考慮して、おそらく待機させていたのだろう。

　野球の例でいうと、春・夏の高校野球やタイガースの試合が甲子園球場で行なわれるときの阪神電鉄、あるいはベルーナドームでライオンズの試合が行なわれるときの西武鉄道など、試合の動向次第で利用状況が変化する——言い換えれば「事前の計画だけでは対応が難しい場面」もある。そういうときには、試合の経過を見ながら列車をどう動かすかを決めている。

　もっとも、完全な「出たとこ勝負」ではなく、事前に複数のパターンを用意しておき、「今日は、○パターンを発動する」というように運用することが多いようだ。

【図5.13】阪神電鉄といえば、「甲子園対応」で知られている

区間ごとの需要の増減に対応する

「輸送需要への最適化」という話になると、運行系統の設定にかんする話も避けて通ることはできない。わかりやすいのは「全列車が始発から終発まで全線を行ったり来たりする」なのだが、たいていの場合、そうはならないのだ。

運行系統の最適化が必要になる理由

路線の戸籍上の名称と、利用者の動向が一致するとは限らない。途中の一部区間だけを利用することもあるし、片端あるいは両端で接続する他線に乗り換える利用もある。

途中で別の線が分岐していれば、そちらとの往来も発生する。単純に路線単位で全区間を行き来させるだけでは、多様な需要に対応できない。

一般的に、旅客流動は「都市とその周辺を行き来する」「都市と都市のあいだを行き来する」の２種類に大別できる。だから、たとえば２つの都市圏を結ぶ路線があり、そのあいだに峠越えの区間や県境を越える区間があると、そこで往来が落ちこむのが一般的だ。しかも、そうした場所では沿線の人口も少ない。こうしたパターンは、ある程度の距離を持つ地方交通線や地方幹線によく見られる。

すると、「需要が多い区間と少ない区間で運転本数を変える」「他社あるいは分岐する別線との直通利用が多いところでは、直通運転を考慮する」といった仕掛けが必要に

なり、それがダイヤや設備に影響してくる。

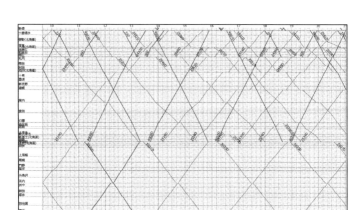

【図5.14】根室本線のダイヤを「OuDIAsecondV2」で作成した例。区間によって運転本数の粗密がある様子がわかる

輸送力の調整❶ 路線の末端区間を別系統にする

　末端部で需要が落ちこむ場合には、境界となる駅で各駅停車を止めて、その先は急行が全駅停車として済ませる手法がある。

　逆に、境界駅で急行の運転を打ち切って、そこから先は各駅停車だけを直通させる方法も考えられる。しかしこれは、末端区間からの速達性が悪化する難点がある。

　さらに、需要の境となる駅で系統分断する方法もある。東武日光線において、南栗橋以南は10両編成が行き交う一方、南栗橋以北は短編成でワンマン運転としているのはその一例。路線としては日光線と宇都宮線があるため、毎時２本を出して、片方を東武宇都宮行き、他方を東武日光行

きとしている。

　ただし、それだけでは宇都宮線の本数が足りないので、宇都宮線（一部は鬼怒川線新藤原行き）が分岐する新栃木から、東武宇都宮までの区間運転も設定している。

　なお、通常は系統分断していても、朝夕のラッシュ時に通勤客の便を図って、あるいは休日に観光客の便を図って、限定的な直通運転を行なうこともある。

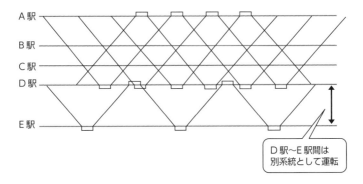

【図5.15】需要が少なくなる末端区間を別系統とするダイヤの事例は多い

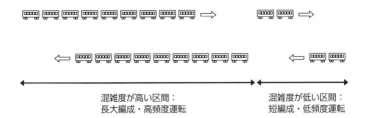

【図5.16】その末端区間では、本数を減らすだけでなく編成両数も需要に合わせて減らすことが多い

輸送力の調整❷ 需要が落ちこむ区間の前後で折り返す

　路線の中間に輸送需要の落ちこみがある場合に、そこだけ運転本数を減らした事例として、かつての小田急小田原線がある。

　かつての小田原線は、新宿方からの各駅停車を本厚木止（ほんあつぎ）めとして、本厚木～新松田間は急行のみの運転としていた。この区間では急行は全駅に停車するが、駅間距離がやや長いので、ネガティブな要素は最小限に抑えられる。新松田～小田原間は別途、普通列車を行ったり来たりさせるわけだ。

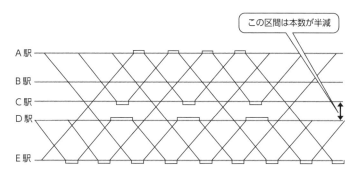

【図5.17】中間に需要の落ちこみがあり、その区間の前後で一部列車を折り返すようにしたダイヤのイメージ

　逆に、中間にピークが来る一例がJR京浜東北・根岸線（ねぎし）。これは、東京の都心を貫通して南北に行き来する系統であるためだ。

　しかし、全列車が大船～大宮間を行ったり来たりするわけではなく、途中の磯子（いそご）、桜木町、鶴見、蒲田、東十（ひがしじゅう）

149

【図5.18】京浜東北線・北行の「南浦和行き」。一部の列車を途中の南浦和止まりとして、輸送力を調整している

条、南浦和といった駅で「一部列車を打ち切り」、あるいは始発としている。

したがって、蒲田～東十条間の運転本数がもっとも多く、そこから南北に向けて運転本数が減るかたちになっている。

車両はＥ233系1000番台の10両編成しかないから、輸送力の調整は運転本数の増減によって実現している。

輸送力の調整❸ 需要が少ない区間の編成を短くする

もっともわかりやすい輸送力の調整といえば、編成両数の調整ではないかと思われる。

たとえば、15両編成を10両の「基本編成」と5両の「付属編成」に分ける。そして、主要都市の近隣では長編成で走らせて、輸送量の段落ちが発生するところで付属編成の5両を切り離す。

すると、ガラガラの車両を無駄に走らせる事態を避けやすくなる……と、口でいうのは簡単だが、いざ実現しようとすると、クリアしなければならないハードルがいろいろとある。

　まず、編成を分割できる車両を用意しなければならない。分割すれば、それぞれの編成に運転台が必要になるから、運転台の分だけ客室のスペースが削られる。

　また、運転台付きの車両は搭載する機器が増える分だけ値段が高くなるし、検修（検査や修繕）の仕事も増える。

　もっとも、地方幹線やローカル線ではもともと編成両数が少なく、大半の車両が両運転台で単行運転可能ということが多い。

　輸送需要が少なければ、運転台の分だけ客室スペースが減ることの悪影響も小さい。たとえば、2024（令和6）年初頭の時点で現役にあるJR北海道の一般型気動車はすべて両運転台車で、1両単位で編成両数を増減させてやりくりしている（【図5.19】と【図5.20】を参照）。

【図5.19】過去にJR根室本線で使われていたキハ40の普通列車。通勤・通学需要がある朝には3両編成で走ることもある

【図5.20】前ページ【図5.19】と同じアングルの日中時間帯。1両の単行で十分

　次に、車両の運用。途中で付属編成を切り離したり、反対に付属編成を増結したりということになると、ある列車から切り離された付属編成を、別の列車に増結するための「つながり」を確保しなければならない。

　車両運用の話は6章で取り上げるが、スジを引くだけでなく、そこで走らせる車両の都合もつけなければ列車の運行はできない。

　また、車両の連結や切り離しの際には、地上側にも人手が要る。連結の際の誘導や、連結器・ジャンパ連結器（電気配線の接続を行なうためのもの）の接続・切り離しを行なわなければならないからだ。

　ただし、車両によっては、連結器や電気配線の接続を自動化している事例もある。

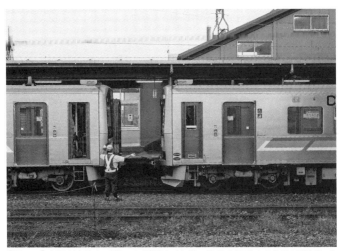

【図5.21】車両を連結する際には、誘導や、連結の操作を担当する人手が必要になる。写真はJR北海道、東室蘭駅での作業の様子

【図5.22】米原駅で、名古屋駅から6両で来た「しらさぎ」に3両を増結する場面。連結の際には、誘導を担当する係員をおくのが一般的

「直通運転」と「系統分断」の関係

　2024（令和6）年3月に、北陸新幹線の金沢～敦賀間が延長開業した。

　ところが、敦賀から先は在来線しかないので、これまで大阪～金沢間を走っていた特急「サンダーバード」は敦賀止めとなり、敦賀で新幹線に乗り換えるかたちになった。直通運転が系統分断に変わった一例である。

直通運転は利用者側も運行側もメリット大

　郊外を走るJR線・民鉄線と、都心部を走る地下鉄線の相互直通運転は、直通によって乗り換えの手間を減らし、利便性を高める施策の典型例といえる。

　また、都心部を突き抜けて反対方向まで乗り換えなしで行けるとなれば、新たな需要の創出につながる可能性も考えられる。

　かつて、東京駅を境にして系統が分かれていた横須賀線と総武快速線は、1980（昭和55）年10月のダイヤ改正から、相互に乗り入れるかたちに再編成された。こうすることで、東京駅での折り返しに使う時間を減らせるようになり、運用効率の向上につながった。

　同じ都心貫通系統になっている「湘南新宿ライン」や「上野東京ライン」も、同様の効果を期待できるだろう。直通運転による運用効率の向上と、都心部を突き抜ける新た

な利便性の創出という二兎につながる施策といえる。

　こうした「スルー運転」化の事例は、岡山エリアや広島エリアでも見られる。運用効率の向上に加えて、境界駅をまたぐ利用者にとっては乗り換えが不要になるメリットもある。

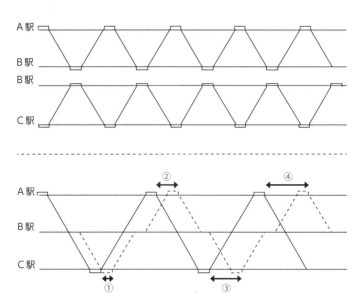

【図5.23】どこかの駅を境界にして、それぞれ反対方向に折り返すダイヤ（上）。これを直通運転に改めると、折り返しに要する時間を節約して、運用効率を高める効果につながる（下）

　支線への直通事例としては、たとえば小田急多摩線がある。当初は線内折り返しの各駅停車だけで、小田原線とは新百合ヶ丘で乗り換える必要があった。

しかし、現在は新宿方向から多摩線に直通する急行を運行している。乗り換えの負担が減るだけでなく、それを急行とすることで速達性を確保している。

　小田急のライバルである京王電鉄では、相模原線（京王永山～京王多摩ニュータウン間が小田急多摩線と並走）と京王線との直通をもともと積極的に実施していた。

　それゆえに、京王線から相模原線が分岐する調布駅の平面交差を綱渡り的にさばいていたが、調布駅の地下化と配線改良で状況が改善。現在は相模原線から都営地下鉄新宿線への直通運転を実施して、多摩ニュータウンと都心を直結している。

　ただし、複数の路線に向けて直通運転を行なおうとすると、共通区間では列車の運転本数が増える。それによって過密ダイヤになったり、輸送力過剰になったりすると具合がよくない。

　そこで、分岐駅まで2編成を併結する運転形態も出てくる。

　その典型例が山形新幹線や秋田新幹線で、東京から福島、あるいは盛岡までの区間で併結運転を行ない、東北新幹線内における列車本数を節約し

【図5.24】東北・北海道新幹線の「はやぶさ」と秋田新幹線の「こまち」による併結運転。運転士は1人だが、車掌はそれぞれの編成ごとに乗務している

ている。

直通運転で合理化を実現した西鉄

　面白いのが西日本鉄道（西鉄）の甘木線である。宮の陣で天神大牟田線と接続しているが、構内配線の関係から、天神大牟田線の天神（西鉄福岡）方面には直通しがたい（方向転換と線路横断が必要になる）。

　しかし、甘木線の列車を宮の陣から大牟田方面に直通させることはできる。

　直通になれば、天神大牟田線の宮の陣以南について、各駅停車を甘木線直通列車で賄うことができる。そのため、天神方からやって来た天神大牟田線内の普通列車は、大牟田まで走らせる必要がなくなり、運転区間を短縮できる。

　しかも甘木線はワンマン運転だから、それをそのまま天神大牟田線に直通させれば、車掌の所要も減らせる。末端区間で輸送需要が比較的少ないので、こういう手を打てるわけだ。

直通を妨げるさまざまな要因とは

　ところが、運転本数を変えるだけならまだしも、それまで直通していなかったものを直通させようとすると、話は簡単に進まない。

　まず、車両や設備が制約要因になることがある。電車を非電化区間に直通させることは（一般的には）できない。ただし、非電化区間で使われているディーゼル機関車や気動車を電化区間に入れることはできる。

　また、電化方式の違いが直通の妨げになることもある。

直流電化にのみ対応した電車を交流電化区間に入れることはできないし、逆も同様だ。

このほか、線路の規格が違うので直通できないこともある。小田急小田原線は1067mm軌間だが、小田原で接続する箱根登山鉄道線（小田原～強羅間）は1435mm軌間。これでは小田急の車両は箱根登山鉄道に入れない。

そこで小田原～箱根湯本間だけレールを増やして、1067mm軌間の車両を入れられるようにする〝大手術〟が行なわれた。これが大きな成果につながったのは有名な話だ。

その後、この区間は1435mm軌間のレールが一部を除いて撤去され、営業列車はすべて小田急の車両で運行される

【図5.25】箱根登山鉄道は現在、入生田～箱根湯本間にのみ三線軌が残る。これは箱根登山鉄道の車庫が入生田にあるため

ようになった。箱根登山鉄道にしてみれば、「貸した軒先（のきさき）がそのまま召し上げられてしまった」ところがある。

設備上の制約による系統分断

　系統分断するもう1つの理由として、専用仕様の車両を必要とする場面が挙げられる。

　たとえば東北本線では、黒磯（くろいそ）を境に電化方式が直流1500Vから交流20000V（50Hz）に変わるため、黒磯以南は直流型電車、黒磯以北は交流型電車として、ホームも分けていた。

　その後、黒磯の電気設備改良工事により、黒磯の構内はすべて直流化された。すると、交流型電車のE721系や701系は黒磯には入れないので、黒磯以北は交直両用のE531系に改められた。直流と交流の境界も黒磯駅の北方に移設されたので、そこで交直切り替えを行なう。

【図5.26】黒磯駅の旧・交流電車用ホームに停車するE531系

【図5.27】新白河駅で、郡山行きの列車に乗り換える場面。ここでは同じホームの前後移動で乗り換えができる

　しかし、交直両用の車両は値段が高い。そこで所要を最小とするため、以前は黒磯～郡山間をひと区分としていたところ、現在はさらにその中間の新白河で系統を切った。

　おかげで、東北本線で北上する〝18きっぱー〟にとっては乗り換えの回数が増えたが、同一ホームの前後で接続している分だけマシではある。

6章
スジを引くだけでは列車は走らない

前章まで「どのように列車を設定するか」ということを述べてきた。しかし現実には、スジを引くだけでは列車は走らない。車両や車両基地などの設備、そして乗務員の存在があってこそ、定刻運行が実現する。

車両の運用は どのように決められる？

　当たり前の話だが、１日のあいだに運行する複数の列車について、それぞれ専用の車両を割り当てているわけではない。ある列車で使用した車両は、そのあとに別の列車で使い、複数の列車を渡り歩く格好になっている。

　その一連の動きを「運用」という。

必要な「運用数」を、どう算出する？

　すべての列車について車両運用を策定しなければ、「列車を走らせるための車両がない」ということになってしまう。これは鉄道に限らず、他の交通機関でも同じ。たとえば飛行機では、「機材繰りの関係で欠航」が発生することがある。

　１機が１日のあいだに複数のフライトを渡り歩いて（飛んで）いるから、機材にトラブルが発生して飛べなくなると、その一連のフライトすべてに影響が波及する。もっとも、実際にはそんなことが起きないように、予備機を用意していることも多いのだが。

　いきなり複雑な話を持ち出してもわかりにくくなってしまうので、まずはシンプルなケースを１つ挙げて考えてみよう。

　他社との相互乗り入れは行なわず、種別は各駅停車で、全線の所要時間はすべて同じ25分ということとする。午前

6時を始発として10分間隔で列車を走らせた場合に、どれ
だけの車両が必要となるだろうか。

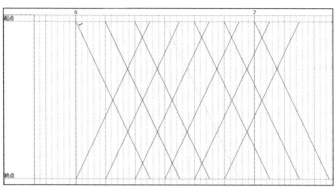

【図6.1】全線の所要時間が25分の路線に10分間隔で列車を走らせた場合のダイヤ

　起点と終点の駅では、到着した途端に反対方向に向けて
出発させることはできない。乗務員が反対側の先頭車に移
動しなければならないし、乗客の乗降にかかる時間もあ
る。そこで、起点と終点の駅ではそれぞれ5分のあいだを
おいて折り返すことにする。
　すると、06：00に起点の駅を出た下り列車は、終点の駅
に06：25に到着。そこから06：30に上り列車として出発、
起点の駅に06：55に到着する。そこで5分おいて折り返す
と、7：00発の下り列車に充当できる。
　しかしそのあいだに、06：10、06：20、06：30、06：40、
06：50で合計5本の列車があるので、それぞれ車両を用意
する必要がある。つまり、起点の駅から10分間隔で列車を
出すためには6編成必要という計算ができる。

ただしこのうち、06：30と06：40の列車は、到着した上り列車の折り返しを充当できる。といっても、スタート点が異なるだけで、車両の所要が減るわけではない。上り列車の折り返しを下り列車に充てられるのは06：30発よりあとだから、その前の３本は起点駅の側に車両を用意する必要がある。

　では、反対側の終点駅はどうか。

　前述したように、起点駅を出た始発列車が到着するのは06：25だから、その折り返しとなる06：30発からは車両がある。ただし、その前に06：00、06：10、06：20と３本の列車を出す必要がある。

　すると、こちら側でも最初の３本について、終点駅の側に車両を用意する必要がある。

　以上のことから、このダイヤを回すためには全部で６編成の車両が必要という計算になる。言い換えれば、６運用を用意すれば、10分間隔の運転ができるわけだ。

　ここでは極めてシンプルなパターンを例に挙げたが、実際の運行は、これを複雑に発展させたかたちになる。単純に２駅間を往復するだけでなく、「まずＡ線を往復したあとでＢ線に向かう」とか「ラッシュ時は２編成を併結して走らせて、日中は分割してバラバラに走らせる」とかいった具合に、車両の動かし方が複雑になるのは一般的な話である。

　なお、客車列車や貨物列車は機関車で牽引するので、客車や貨車だけでなく、機関車の運用も別途、組み立てる必要がある。

　たとえば、在りし日の寝台特急「北斗星」や「カシオペ

ア」であれば、上野～青森、青森～函館、函館～札幌で
別々の機関車を必要としたから、個別に運用を組む必要が
あった。客車と機関車の運用が噛み合って、初めて、列車
が走るのだ。

「運用番号」と「列車番号」は別物

　前項の例では、10分間隔の運転を実現するために6編成
が必要という話になった。これを車両の立場から見ると、
「充当する列車がそれぞれ異なる、6種類の運用が存在す
る」ことになる。

　それらを識別するために番号を付けるが、これを「運行
番号」、あるいは「運用番号」という。

　運用番号と列車番号は別物である。列車番号は個々の列
車ごとに異なるものを付けるが、運用番号は車両が渡り歩
く一連の列車群全体（＝運用）に対して付けるからだ。そ
のため、1つの運用番号で識別される行程をこなす過程
で、順々に列車番号が変わっていく。

　車両を管理する立場からすると、「今日はこの編成をこ
の運用に充てる」と決めて送り出すことになる。一般的
には、複数の運用を順番に回すもので、「初日は運用番号
01、2日目は運用番号02……」といった具合になる。たと
えば、1日で完結する運用が6パターンあれば、6日がか
りで一巡することになる。

　ただし、検査の都合やダイヤの乱れなどが原因で、順番
どおりに回らないことも日常的に起きる。外部要因や不可
抗力による運休だけでなく、意図的に列車を間引く場合に
も、運用単位でごっそりと運休にする手がある。

予備車の存在は欠かせない

「6編成あれば運用を回せる」と述べてきたが、「では、6編成用意すれば、OKなんですね？」という単純なものではない。そうは問屋が卸さない。

　故障が発生することもあるし、踏切で自動車と衝突して損傷する車両が出るかもしれない。また、定期的に行なわれる検査に入っているあいだは、その車両は営業運転に就けられない。

　こうした事情から、何がしかの予備車を持つ必要がある。この予備車とは「検査に入る車両の代わり」と「本当の意味での『予備』で、ふだんは使わずに待機させる車両」のそれぞれを準備する。前者だけでも後者だけでも、車両が足りなくなるリスクがあるからだ。

　だからどこでも、車両については「配置○編成、運用△編成」といった書き方をする。その差分が予備車だ。検査に入れる分を「検修予備」と呼ぶことがある。

「予備なし」で運行していたカシオペア

　まれに、予備なしで運用に就ける事例もある。たとえばJR東日本のE26系客車は1編成しかないから、これが「カシオペア」として上野と札幌のあいだを行き来していたときには、上下双方を毎日運転するのは不可能だった。

　日曜の晩に上野を出ると、札幌着は月曜日の午前中。その折り返しが、月曜の晩に札幌を出て火曜の朝に上野に到着。すると、火曜の晩に再び上野から札幌行きを出せる。このサイクルからすると、どう逆立ちしても隔日の運行し

かできない。

　しかも隔日運行で走らせっぱなしにすると検査にも入れられないから、検査のための運休日も必要になる。

　だから実際には、下りの上野発が日曜日・火曜日・金曜日、上りの札幌発が月曜日・水曜日・土曜日となっていた。このスケジュールだと、木曜日は運転がないので、その日に検査を実施することになる。

　ただし、繁忙期は需要が増えるため、そのタイミングでは時間がかかる検査を行なわないようにして、曜日に関係なく隔日で運転する体制がとられていた。その逆に、閑散期は長い運休期間を設定し、大規模検査はその際に実施していた。

【図6.2】「カシオペア」の客車は1編成のみだったため、隔日運転が限界だった

車両を増やさずに運用を増やす工夫

　手持ち車両の総数を増やさずに運用を増やした事例もある。国鉄末期から各地の地方都市圏で持ちこまれた手法で、「長大編成の列車をときどき走らせる代わりに、短編成の列車を頻発させる」というもの。

　たとえば、８両編成を分割して４両編成２本にすれば、車両の総数は同じでも編成数は２倍になるので、２倍の運用数をこなせる。

　ただしこれには、ちょっとした問題がある。単純に１つの編成を２つに割ると、それまで編成の中間に入っていた車両が先頭に出ることになるが、当然そこには運転台がないので列車を走らせることができない。

　そこで、編成短縮に際して中間車に運転台を設置し、先頭車に改造する事例が頻発した。

　また、編成両数が減ったことで混雑がひどくなり、立客が増えるリスクが増大する。そのせいで利用者の不満が増え、乗客の逸走につながったのではありがたくない。

　つまり、輸送の実情に合わせた編成両数を考えなければならないわけだが、実際には編成短縮によって混雑がひどくなった事例をときどき目にする。

他社線内のみを行き来する運用がある理由

　東海道新幹線で「こだま」を利用すると、ＪＲ西日本所属の車両を引き当てることがある。外見は、車体側面に描かれたＪＲマークの色と車番の違いぐらいしか相違点がないし、車内でもデッキと客室の境界にある仕切り扉の上に

貼られた標記ぐらいしか識別点がない。わかりやすいのは、車内放送のチャイムの違いぐらいだ。

　東海道新幹線は全線がＪＲ東海の所属。そこにＪＲ西日本の車両が行ったり来たりしている理由は、東海道・山陽新幹線は事実上、一体の路線のようなところがあるからだ。両方をまたいで直通している列車が多く、ＪＲ東海の所属である東海道新幹線内をＪＲ西日本の車両が走ることも、ＪＲ西日本の所属である山陽新幹線内をＪＲ東海の車両が走ることもある。

　自社線内を他社の車両が走る場合、本来は「借り賃」を払う。単位は車両数と走行距離の積で、たとえば16両編成が500km走れば「16×500=8000両・km」となる。

　もちろん、相互に相手線内の走行実績を計算して借り賃を払えば済む話ではあるが、事務処理の手間を減らす方法がある。お互いに相手線内を走る距離と両数を揃えてしまえばよいのだ。そうすれば差し引きゼロである。

　ただし、現実問題としては、所有する車両の多寡や路線ごとの距離の違いなどといった要因から、単純に「相互に相手線内に乗り入れる本数を同じにすればＯＫ」とはいかない。どうしてもアンバランスが生じてしまう。

　それを是正するため、他社線内だけを行ったり来たりする運用を組む。東海道・山陽新幹線の場合、ＪＲ東海の車両が山陽新幹線内を走る分が多い傾向があるので、バランスをとるためにＪＲ西日本の車両が「こだま」運用で東海道新幹線内を行ったり来たりするのだろう。

　相互直通運転の計画立案では、このようなことも考える必要がある。

車両運用の 行路と順序を知る

　本章のここまでは、車両運用にかんするイントロダクション。

　実際に鉄道の現場で車両を動かす際には、さらに決めておかなければならない要素がある。

「車両運用順序表」で運用順がわかる

　まず、複数の運用をどのようにつないでいくか。鉄道車両の検査は、決まった期間あるいは走行距離を超えない範囲で実施しなければならない。

　だから、その期限を超えないタイミングで検査に入れる必要がある。また、車両によって走行距離や検査の間隔にバラツキが生じるのは好ましくない。どの車両もなるべく均等に使いたい。

　こうした事情を勘案して、「最初はこの運用に入れて、次はこの運用に入れて、そのあとで検査に回す」といった順番を決めておく。

　仮に、運用番号が1から6まである場合、「1日目は1運用、2日目は2運用、3日目は3運用、4日目は検査に入れて、5日目は4運用、6日目は5運用、7日目は6運用」といった具合になろうか。

　これを図にしたものが、「車両運用順序表」である。「今日は、この編成がこの運用に入っていたから、明日はこの

運用に入るな」といったことを知るには、この表が必要になる。

また、1日分24時間を横軸にとって「その日の運用」を並べるかたちになるので、1日に何運用を必要とするかがわかりやすい。

同じ運用の列車が運休してしまうと…

運用の途中で輸送障害に見舞われて大幅な遅延、あるいは運休に見舞われたために、同じ運用に属する一連の列車がまとめて運休になった事例がある。

2023（令和5）年12月17日、暴風雪の影響で「オホーツク3号」（札幌→網走）が運休になった。

その翌日の12月18日には、「大雪2号」（網走→旭川）が運休になった。

これは、「オホーツク3号」で網走に到着した車両が、翌日の「大雪2号」で折り返す運用になっているため。また、「オホーツク」「大雪」で使用する車両の基地は札幌の隣駅である苗穂だから、そこから「オホーツク3号」が出ないと、翌日に網走を出る「大雪2号」に充てる車両がなくなってしまうのだ。

さらに、「大雪2号」が出ないと、同日に旭川で折り返す「大雪3号」（旭川→網走）の車両もなくなってしまう。こちらは運休の告知は出なかったから、別途、車両を苗穂から旭川に回送したものと思われる。

このケースは、運用に穴があく事態を途中で食い止めた一例といえる。

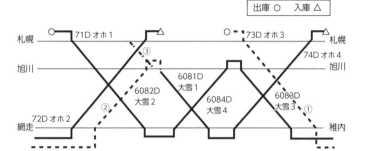

【図6.3】「オホーツク3号」の車両は、翌日の「大雪2号」に充てる。そのため、前者が運休になると（図内①）、後者も巻き添え運休になる（図内②）。そこで車両を回送して穴をふさぐ（図内③）

　なお、「オホーツク」「大雪」で使用する車両の運用には興味深い話が別にある。あとで詳しく取り上げたい。

貨物がなくても、牽引用の機関車は走る

　前述したように、1つの車両（または、車両を連ねた編成）が複数の列車を順番に巡りながら列車の運行を機能させているから、その順番が途中で断ち切られると、困ったことになる。前項で取り上げた「オホーツク」「大雪」の事例がまさにそれだ。
　貨物列車の撮影をしていると、ときどき、貨車を1両も
牽引していない、機関車だけの状態で走ってくることがある。一見しただけでは「無駄なことをしているなあ」と思うかもしれないが、「運用を回す」という観点からすると、これも必要なことだとわかる。

【図6.4】津軽海峡線で遭遇した、貨車なしの貨物列車

　たまたま空荷になった貨物列車の牽引機が、終着駅に着
いたあとで折り返し、別の貨物列車を牽引することになっ
ていたらどうするか。

　空荷だからといって前者の運行をやめると、その次の貨
物列車を牽引する機関車がなくなる。機関車単独でもいい
から、とにかく送りこまないと困るのだ。事実上の回送だ
が、回送のためにわざわざスジを引き直すのではなく、も
ともとある貨物列車のスジに乗せるケースといえる。

「車両運用行路表」で編成の動きがわかる

　車両運用にかかわる図表としては、「車両運用行路表」
もある。個々の運用ごとに、どの列車に充当するかを記し
たものだ。「今日は、この編成がこの列車に入っていたか
ら、このあとはこの列車とこの列車に入るな」といったこ

とを知るには必要となる。

　車両運用行路表は、横軸に駅名をとり、上から下に向けて左右に往復する線と、それらを相互に結ぶ縦線が並ぶので、その様態から「ハコダイヤ」と通称される。

　このほか、列車運行図表と同じように、横軸に時間、縦軸に駅名をとって運用を記した図表もある（先の【図6.3】＝172ページ参照）。列車と車両運用の関係性を知るには、これがもっともわかりやすい。

　配置されているすべての車両が同じ車型、同じ性能、同じ編成両数であれば話は簡単で、どの編成をどの運用に就けても問題は生じない。東海道新幹線が基本的にこのケースだが、近年ではN700S限定運用ができたことで事情が変わってきた。

　実際の列車運行の現場では、車型や定員や性能を完全に統一できることはまれで、複数の車型、複数の編成長が混在していることが多い。

　すると、それらについて個別に運用を組み立てる必要がある。運行途中で分割や併合が発生する場合には、複数の運用がくっついたり離れたりするので、話が複雑になる。

「最新車両＝エース格の列車専用」とは限らない

　東海道・山陽新幹線にN700Sが登場してからしばらく経つ。技術の粋を尽くした最新鋭の車両であるから、当然、エース格の列車である東京〜博多間の「のぞみ」に集中投入されている……とはなっていない。

　N700Sは、まずJR東海所属の東海道新幹線内を往復するところからスタートした。その際には「のぞみ」だけで

なく「ひかり」「こだま」の設定もあった。そして、しばらくしてから山陽新幹線への乗り入れを開始した。

じつは、「ひかり」「こだま」にも充当しないと具合が悪い事情がある。東京〜博多間の「のぞみ」は距離が長いうえに停車駅が少ないから、1日あたりの走行距離が伸びがちだ。何しろ、東京〜博多間を1往復しただけで2200km近く走ってしまう。

一方、東京〜名古屋間を「こだま」で往復していれば、走行距離はそれほど伸びない。そこで単純に「のぞみ」と「こだま」で車両を使い分けると、編成によって走行距離のアンバランスが発生してしまう。走行距離が長い編成はひんぱんに検査を実施しなければならないし、傷みも進む。そのため、「のぞみ」「こだま」の両方で使うようにして、編成ごとの走行距離をできるだけ平均化しているのだ。

もっとも、これができるのは東海道・山陽新幹線の16両編成が基本的に同一仕様で、相互に入れ替えが利くためだが、そのような柔軟性を持たせるために、同一定員・同一仕様にこだわっているというほうが正しい。

これは新幹線の話だが、在来線や民鉄各社でも似たような場面はある。ただし、一般車と有料特急車では物理的な構造がまるで違うので、これはどうしようもない。

限られた車両を効率的に運用するアイデア

限られた車両で予備を確保しつつ運転本数も減らしたくない、ということで工夫をした事例が北海道にある。具体的に何をしたのか？　少し詳しく取り上げてみたい。

以前は、函館本線〜宗谷本線では特急「スーパー宗谷」

「サロベツ」が札幌〜稚内間を合計3往復、函館本線〜石北本線では特急「オホーツク」が札幌〜網走間を4往復していた。

「スーパー宗谷」は261系気動車の配置3編成で2運用。一方、「サロベツ」は183系気動車で2運用だが、1日のあいだに走るのは片道だけだった。あまり効率のよい使い方ではない。また、「オホーツク」は4往復に4運用を必要としていた。これはこれで、車両の所要が多く、やはり効率のよい話ではない。

そして、老朽化した車両を置き換える際に、車両の新造に充てられる経費などの兼ね合いから、「運転本数を確保しつつも運用数を減らせないか」という話になったようだ。

そこで考え出されたのが、一部列車について札幌〜旭川間の運転をやめるというもの。つまり、従来は1本の列車で直通していたものを、旭川で系統分断して乗り換えるかたちにする。

これを運用の立場から見ると、どうなるか。従来は、上りの「スーパー宗谷」「サロベツ」「オホーツク」が札幌に着く前に、札幌から下りの「スーパー宗谷」「サロベツ」「オホーツク」が出てしまうので、それぞれ別個に車両を用意する必要があった。

そこで札幌〜旭川間を切ると、両者が旭川でつながって折り返し可能になる。これにより、宗谷本線系統と石北本線系統のそれぞれで1運用ずつの削減が可能になった。

そして、同じ愛称で運転区間が大きく異なるとわかりにくいという理由なのか、旭川発着の列車は「大雪」「サロベツ」、札幌発着の列車は「オホーツク」「宗谷」とした。

【図6.5】北海道の鉄道路線図

現在は「宗谷」「サロベツ」の3往復を2運用で、「オホーツク」「大雪」の4往復を3運用で回している。

「サロベツ」や「大雪」はCOVID-19のパンデミック以降、閑散期の平日に運休することがある（そのため定期列車ではなく季節列車に分類されている）。「大雪」の場合、「大雪」として網走〜旭川間を往復する代わりに車両を網走に留<ruby>留<rt>とど</rt></ruby>めておいて、その後の「オホーツク」から元の運用に載せる。

　こうすれば「大雪」だけを運休にして、かつ、全体の運用は崩さずに済む。

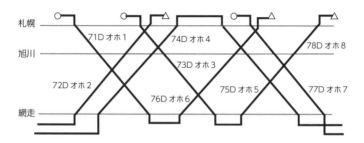

札幌

旭川

71D オホ 1

74D オホ 4

78D オホ 8

73D オホ 3

72D オホ 2

76D オホ 6

75D オホ 5

77D オホ 7

網走

「71D〜76D」「73D〜78D」「77D〜(翌日)72D」
「(翌日)74D〜75D」の 4 運用が必要

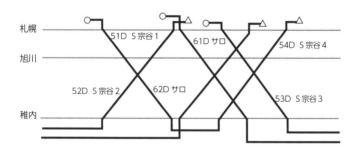

札幌

旭川

51D S宗谷 1

61D サロ

54D S宗谷 4

52D S宗谷 2

62D サロ

53D S宗谷 3

稚内

「51D〜54D」「52D〜(検査)〜53D」「61D」「62D」の 4 運用が必要。
しかも、61D と 62D は車両が違うので、予備車を 51D〜54D と共通にできない

【図6.6】2017年3月改正までの「オホーツク」と「宗谷」「サロベツ」の運用

出庫 ○　入庫 △

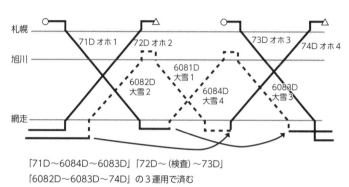

「71D～6084D～6083D」「72D～（検査）～73D」
「6082D～6083D～74D」の3運用で済む

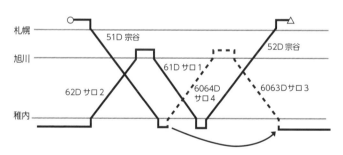

「51D～6064D～6063D」「62D～61D～52D」の2運用で済む

【図6.7】2017年3月改正で、旭川での系統分断を取り入れた運用。点線の列車は閑散期には運休するが、その場合は下の矢印で示したように運用をつなぐ。季節運休の有無は、ホームベースの苗穂に戻るスケジュールに影響しないようになっている

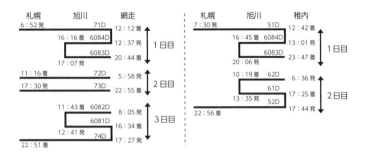

【図6.8】前ページ【図6.7】の現行運用をハコダイヤで示したもの

【図6.9】こちらは、現行運用を車両運用順序表で示したもの。上が石北本線「オホーツク」（数字2桁）「大雪」（4桁）、下の宗谷本線が「宗谷」（2桁）「サロベツ」（4桁）。それぞれ、1日に3運用あるいは2運用を必要とすることがわかる

　ただし、単純に旭川で切ると、札幌〜旭川間の足が途切れてしまう。そこでこの区間は、もともと札幌〜旭川間を走っている「ライラック」で補っている。

　下り「ライラック」が旭川に到着すると、同じホームの反対側に「サロベツ」「大雪」が待機している。逆も同じで、上りの「サロベツ」「大雪」が旭川に着くと、同じホームの反対側に「ライラック」が待機している。これなら、

乗り換えの負担はさほどでもない。特急料金も、本来は列車ごとに計算するところ、2列車の通算として割高にならないようにした。

　こうした運行形態を取り入れたことがよくない方向に影響することもある。札幌から来る「ライラック」が遅れたときに、それと接続する「大雪」や「サロベツ」が旭川で発車を待つ場面が生じるのだ。

　筆者が実際に目撃したところでは、下りの「サロベツ3号」が所定20：06発のところ、21：20になってようやく出発できた実例がある。稚内行きの最終特急なので、置いてきぼりにはできないのだ。

　上りではそこまで深刻にはならない。札幌〜旭川間の「ライラック」「カムイ」は運転本数が多く、後続列車に乗り換えられるからだ。なお、「大雪」と「サロベツ」の旭川での発着時刻を見ると、ペアを組む「ライラック」がずれているのがわかる。もともとのダイヤの関係によるのだろうが、「大雪」と「サロベツ」の利用者が1つの列車に集中しないための配慮もあるのだろうか。

【図6.10】旭川で並んだ「ライラック」(右)と「大雪」(左)。同一ホームの対面なので、乗り換えの負担は最小限で済む。これは下り方向だが、上り方向も同じやり方

車両基地の 出入庫と回送

　昔は拠点駅に車両基地を隣接させていたものだが、今はそういう形態はまれで、車両基地は広い用地を確保できる郊外に設けるのが一般的。

　するとどうしても、出入庫や回送という話が出てくる。

回送列車は、なぜ必要なのか？

　先に挙げた「運用数を算定する例」では、最初から起点駅と終点駅に車両を用意してある前提だった。

　しかし実際には、車両基地との兼(か)ね合いという問題がある。留置するだけなら駅のホームに駐めておいてもよいが、検査や洗浄・清掃を行なうためには、車両基地に持ってこなければならない。

　すると、車両基地がある駅と、列車が営業運転を開始する駅のあいだで回送列車を運行する場面ができる。先の例で、路線の中間に車両基地があるとした場合、始発列車が出る06：00より前に、起点駅と終着駅の双方(そうほう)に向けて回送列車を３本ずつ出す必要がある。

　回送列車は客扱いをしないものだが、回送を兼ねた営業列車を設定することもある。列車を走らせる場所と車両基地が離れていて、かつ、もともとの列車本数が少ない場合には、客扱いをするほうが便利だ。利用者にしてみれば、乗れない車両が目の前を走り去るのは、嬉しいものではな

いだろう。

　ただ、営業列車にすると制約要因が増える。たとえば、割り当てる種別に合わせて停車駅が決まってしまうので、スジを引く際の柔軟性が下がってしまう。

　また、客扱いを行なえば途中駅で停車時間が発生するので、その分だけ所要時間が増える。回送だったら、途中駅を通過するのも長時間停車するのも好き放題（？）にできる。それに、客扱いのための停車時間を見込んでおく必要もない。

　ときには、車両基地がある場所と、実際に営業列車として運行する場所が、えらく離れていることがある。たとえば石北本線は遠軽〜網走間を走る普通列車の車両は、その大半が旭川運転所の所属だ。そのため、定期的に旭川に戻して検査を実施しなければならない。

　そこで、特別快速「きたみ」に加えて普通列車をわずかながら上川〜遠軽間に設定しており、これが旭川と遠軽〜網走間で車両を行き来させる任を負っている。

「3両で出発→1両で終点到着」の理由とは

　その運用の話とも関連するが、「需要が少ない区間の編成を短くする」という原則とは反対に、「需要が少ない列車なのに長編成で走らせる」事例もある。

　たとえば、かつてJR北海道の深名線では、朝の5時台に深川を出る下りの始発列車が3両編成で走っていた。実際に乗ったことがあるが、もちろんガラガラである。

　のちに廃止になったことからもわかるとおり、そもそも深名線は利用者が少なかった。にもかかわらず、3両編成

を走らせていた理由は何か。

　じつは、途中の幌加内と朱鞠内で1両ずつ切り離すので、終点の名寄まで行くのは1両だけ。つまりこの3両編成、途中駅から始発列車を出すための車両を送りこむためのもので、輸送需要とは何の関係もなかったのである。

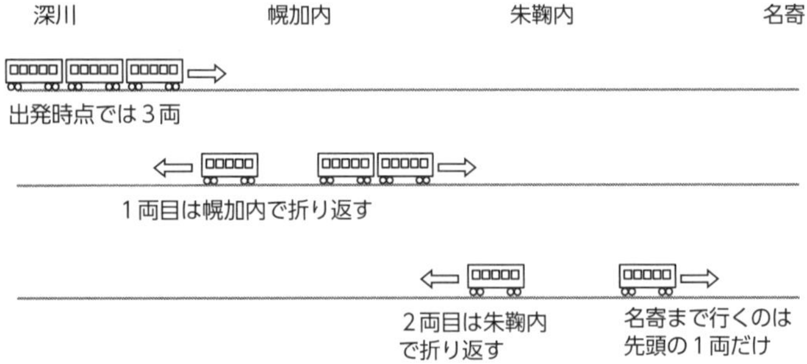

【図6.11】かつて、深名線で行なわれていた送りこみ。途中駅に滞泊させる代わりに、深川から送りこんだり、深川に引き揚げたりしていた

「それなら、最初から幌加内や朱鞠内に車両を夜間滞泊させておけばいいのに」と思うのはもっともだが、そうすると乗務員が寝泊まりするための施設が必要になるし、故障の発生や点検への対処も難しくなる。拠点となる深川に車両を置いておき、早朝に回送するほうが効率的という判断があったわけだ。

　この手の「回送のための長編成」は、他の路線でも見かけることがある。

新幹線の始発列車は、前夜からホームで待機

　新幹線では、夜間は線路や施設の検査・修繕などを行な

う関係から、午前6時より前に本線上で列車を走らせてい
ない。だから、6時ちょうどに出る始発列車で使用する車
両は、前夜のうちに始発駅に送りこんでホーム上で夜間滞
泊させている。東京発06：00「のぞみ1号」が典型例だ。

　なお、品川始発06：00の「のぞみ99号」は発車時刻の6
〜7分前になって入線してくるが、これは品川駅の東京側
にある留置線から車両を出してくるためで、本線上を回送
しているわけではない。

青森から大宮へ！ 長距離を走る回送列車

　スケールが大きい回送の例としては、山陽新幹線で新大
阪から博多に向かう団体臨時列車を設定したときに、そこ
で使用する車両を博多から新大阪まで回送した事例があ
る。車両の〝ネグラ〟が博多総合車両所だからだ。

　これも新幹線の話だが、JR東日本の新幹線では、大規
模検査を行なう施設を仙台の新幹線総合車両センターに集
約している。上越新幹線や北陸新幹線には、日常的な定期
検査を実施する施設しかない。

　では、上越新幹線や北陸新幹線で使用しているE7系が
大規模検査を受けるときはどうするかというと、なんと仙
台まで回送する。まれに、東北新幹線の大宮〜仙台間で
「本来いないはずの」E7系を見かけることがあるのは、
そのせいだ。

　もっとスケールが大きいところでは、JR貨物の機関車
がある。JR貨物では機関車のタイプごとに、大規模検査
を行なう施設を集約している。ところが、それは実際の運
行現場と近接しているとは限らない。

たとえば、青函トンネルを挟む五稜郭～青森間で使用しているEH800という電気機関車があるが、この機関車の大規模検査は埼玉県の大宮車両所で実施している。

　しかし、電化方式の関係があり、大宮まで自走で持ってくることはできない。そこで、大宮を通る貨物列車にEH800を一緒につないで、EH800自体は無動力の「貨物」として回送してくる。

【図6.12】EH800は津軽海峡線（JR津軽線と道南いさりび鉄道）の専用機だが、大規模検査の際には大宮まで持ってきている

　また、宮城県の石巻線で貨物列車の牽引に充てているDD200という機関車があるが、じつはこの機関車、愛知県の稲沢にある愛知機関区に集中配置されている。だから石巻線で使用する機関車は、これまた貨物列車につないで無動力の「貨物」として、稲沢～仙台間を回送している。こうした回送は、他の機関車でも見られることがある。

【図6.13】DE10ディーゼル機関車を、貨物列車で牽引機の次位に連結して、無動力の「貨物」として移動している例

車両の運用を制約する「意外な要因」とは

　先に、「定期的に検査を実施しなければならないので、予備の車両も必要」という話をした。ところが定期検査以外にも、車両の運用を制約する要因がある。その1つがトイレだ。

　昔の「垂れ流し式」なら、手洗い・洗面所で使用する水の補給だけ考えていればよかったが、今は「タンク式」となり、車両基地で中身を抜き取って処理している。ということは、タンクがいっぱいになる前に車両を車両基地に取りこまなければならない。

　これがとくに問題になるのは、走行距離が長く、走る時間も長い新幹線。たまたま手元にデータがある、東海道・

山陽新幹線の700系を例に挙げると、タンクの容量は870リットルある。洗浄水の量も計算に入れなければならないが、真空式汚物処理装置なので、一度の洗浄で使用する水は200ミリリットル程度と少ない。現在のタンク容量では、東海道・山陽新幹線の場合、東京〜博多間の往復ぐらいは対応できるようだ。

　ところが東京駅ではホーム折り返しを行なう列車が多いので、入庫と抜き取りを博多総合車両所で行なうケースが多くなる。もちろん、博多だけでなく、大阪の鳥飼車両基地もあるし、東京駅に到着した列車を大井車両基地に取りこむこともある。

　このあたりの事情はJR東日本の新幹線も似ている。東京駅でホーム上折り返しを行なう列車では、そこで抜き取りを行なうわけにはいかないので、終点側の車両基地に取りこむことになる。新函館北斗、盛岡、新潟、金沢、秋田、山形のいずれにも車両基地がある。

　とくに北海道新幹線の終点である新函館北斗の場合、到着した列車はすべて、いったん車両基地に取りこむ運用になっている。

　こうすると、下り列車の到着が遅れたときに、折り返しの上り列車にその遅れが波及するリスクを減らすこともできる。下り列車の到着が遅れても、函館の車両基地に別の車両が待機していれば、それを代わりに出すことができるからだ。

車両基地にも
綿密な運用計画が必要

　ダイヤや運用の話になると、旅客から目に見える場所、つまり「駅」や「本線上」のことばかり考えてしまう。

　これは無理もない話だが、じつはそれだけでは済まない。車両を清掃したり、検査・修繕（まとめて「検修」と呼ぶ）に入れたりするときのことも考えなければならない。

車両基地では、どんな作業が行なわれる？

　いわゆる車両基地に求められる機能は、大きく分けると3種類ある。「留置」「清掃」「検修」である。

　留置とは、使用していない車両を駐めておくこと。マイカーを駐車場に置いておくのと同じだ。そして、車両を留置するための線路のことを「留置線」と呼ぶ。

　ただし、留置線の数には限りがあるので、しっかり計画を立てて使わなければならない。「空いている留置線に、適当に駐めておく」とはいかないのだ。

　次に清掃。車体外部の汚れを落とす作業と、車内の清掃作業がある。車体外部については、薬液をかけてブラシでこするなどして汚れを落とし、最後に水洗いして薬液を落とす。

　このプロセスを機械化した自動洗浄装置が多くの鉄道事業社で導入されているが、前面だけはどうにもならないので、手洗いも不可欠となる。自動洗浄装置の設置場所も決

まっているから、どのタイミングで使用するかを決めてお
かなければならない。

　最後に検修。クルマに6か月単位、あるいは12か月単
位の点検があるのと同様に、鉄道車両でも決まった期間、
あるいは走行距離ごとに検修を実施するよう定められてい
る。検査期限切れの車両を本線に出して営業列車に使って
しまえば、これは1つの「事故」である。

　こうした事情があるので、車両の運用を計画する段階
で、どのタイミングで清掃や検修を行なうかを決めて、そ
れを運用に組みこんでおく。

　しかし、それを実際に行なう車両基地の側にも都合があ
る。自動洗浄装置も留置線も、そして検修に使用する設備
にも限りがあるから、それをいつ、どの運用に割り当てて
いくかを決めなければならない。

　そこで、車両の運用を決めるのと並行して、車両基地の
構内で実施する作業の計画を立てる。

　たとえば、「○○運用の車両が車両基地に戻ってきた
ら、△番の留置線に入れる」とか「××運用の車両は、ま
ず午前中に検修庫の◆番線に入れて検査を実施したあと、
午後に清掃を済ませてから運用に入れる」といった按配と
なる。

　極端な話、規定の検査を実施するのに半日かかり、検修
庫の線路は2本しかないのに、1日で5編成の検査を実施
することはできない。

　線路が2本で半日がかりなら、1日に4編成の検査しか
できないわけだ。

駅の構内で行なう作業にも「ダイヤ」がある

　じつは、駅でも車両基地と同様に構内作業の計画を立てておかなければならない。スウェーデンに行ったとき、その場その場で発着番線の案内がコロコロ変わるのでびっくりした経験があるが、一般的には「何時何分発の○列車は△番線に発着する」と決めておくものだ。これも構内作業の計画に含まれる要素となる。

　また、車両同士を連結したり切り離したり（「解放」という）、折り返し運転のために車内清掃をしたり、といった作業も、駅の構内で行なわれる。もちろん、連結する車両同士は同じ線に入れなければならない。

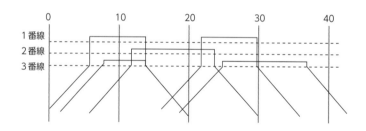

【図6.14】駅の番線は限りがあり、それより多い数の列車を入れることは（原則として）できない。それを考慮に入れて、折り返しや車内整備の計画を立てる必要がある

　そして、車両の連結・解放や車内清掃といった作業では、駅の側で係員を用意するのが普通だから、そういう意味でも計画が立てられなければならない。そうしないと、連結・解放や清掃の担当者が、どこの番線に行けばいいの

かがわからなくなる。

　近年ではめったに行なわれなくなったが、貨物列車では駅の構内で入れ換えをすることもある。複数の貨車を連ねて到着した貨物列車から、一部の貨車を切り離したり、追加の貨車を連結したりする作業だ。

　もちろん、この作業を行なう際には線路を占有することになるから、「どの線で何時から何時まで入れ換えを行なうか」という計画は事前に立てておかなければならない。

　こうした事情があるので、駅でも車両基地でも、「構内作業ダイヤ」というものを作成する。どの線で、何時何分にどの列車が入ってきて、何分間で作業を済ませて何時何分に出ていく、といった情報を図にまとめたものだ。

【図6.15】徳島駅に到着した列車の車両を、隣接する車両基地に入れるために入換中

車両と同じにはいかない 乗務員の運用

　ここまでは車両運用の話だが、それを実際に動かす乗務員についても計画を立てる必要がある。ところが相手は生身（なまみ）の人間だから、車両とは事情が異なる部分も出てくる。

乗務員の運用にかかわる制約とは

　まず、人間は睡眠をとらなければならない。また、車両は長時間・長距離の行路を組むこともあるが、生身の人間はそういうわけにいかない。1つひとつの乗務が長時間にならないように配慮する必要もある。

　そして、生身の人間には休みの日も必要である。ときには、病欠などの事情で交代要員を出さなければならないこともある。ダイヤの乱れが原因で車両運用が所定どおりに回らなくなったときに、元に戻すための臨時回送が必要になることもある。

　したがって、列車を動かすために必要となる乗務行路の総数よりも多い乗務員を確保しておかなければならない。

　また、運転士は自分が運転する路線のことをよく知っていなければならない。線路配線、カーブや勾配の加減、信号機の位置など、定時運転のために知っておくべきデータはいろいろある。だから、どこの路線でも運転できるわけではない。

　そのため、列車としては1本でも乗務員が途中で交代す

る場面は多い。乗務員が所属する「乗務員区」ごとに担当区間を決めておいて、境界で交代させるのが一般的だ。また、異なる会社をまたいで運転する列車では、会社境界で乗務員を交代させる。これはJRグループも同様だ。

　早朝や深夜の列車を担当する乗務員は泊まり勤務にすることが多い。たとえば、終電を運転して終点まで行ったら、そこで睡眠をとり、翌朝の始発を運転して帰ってくる、といった按配になる。

　当然、そうした駅には、乗務員が休息するための施設を設けなければならない。逆にいえば、そうした施設の有無が乗務員の運用に影響する。

　それに加えて、夜の「泊まり」と翌朝の「明け」ばかりが連続するのは好ましくないので、泊まり～明けの勤務と、普通に朝に出勤して夕方に退勤する「日勤」を適宜、組み合わせる必要もある。

　このように土台となる条件が違うので、乗務員と車両をワンセットにして運用するわけにはいかない。車両の運用と乗務員の運用を別個に組み立てて、かつ、両者をちゃんとマッチさせる必要がある。

　しかも、労働基準法をはじめとする法規制の遵守や、会社と労働組合のあいだで締結する労務協約といった話も絡んでくる。じつのところ、乗務員の運用を組むのは、車両の運用を組むよりも難しい。

運転士と車掌は「常にワンセット」ではない

　大都市圏の通勤電車では、運転士と車掌が事実上、ワンセットになって動く場面もありそうだが、現実問題として

は、常にそうなるとは限らない。

　たとえば長距離列車では、運転士は適宜交代していくが、車掌はずっと同じということもある。また、1つの列車に複数名の車掌を乗務させたり、一部区間だけ車掌を増員したりということもあり得る。1本の列車が、途中からワンマン運転になる（あるいはその逆）ということもある。

　すると、運転士と車掌の乗務行路はそれぞれ別個に組み立てて、かつ、それを列車の運行とマッチさせなければならないわけで、話はますますややこしいことになる。

　なお、車両に回送があるのと同様に、乗務員にも乗務以外の移動が発生することがある。

　これは営業列車に便乗して移動するわけだが、回送とはいわない。航空業界では「デッドヘッド」という言葉があるが、鉄道業界ではその種の言葉はないようだ。

どんなときに所要人数が増えるのか？

　5章「直通運転と系統分断」の項で、支線直通のための併結列車に言及した。併結して1本の列車として走っていれば運転士と車掌は1人ずつで済むが、分割するとそれぞれに運転士と車掌が必要になる。

　また、山形新幹線や秋田新幹線のように、併結した列車のあいだで行き来ができない場合には、それぞれに車掌を乗務させる必要がある。

折り返しをスムーズにする「一段落とし」とは

　駅での折り返しを行なう際に、折り返しの時間が短いと、運転士や車掌が反対端の乗務員室まで歩いて移動する

時間が足りなくなることがある。

　そこで登場するのが「一段落とし」。乗ってきた列車で折り返すのではなくて、１本あとの列車で折り返すので、こういう名称がある。

　この場合、列車が終着駅に到着すると、すでに交代の運転士と車掌がホームで待機している（いずれも１本前の列車で到着している）。こうすれば、すぐに引き継ぎと交代ができるので折り返し時間は最小限で済む。その代わり、車両と乗務員が一緒に動くわけではないから、運用を組み立てる作業はややこしくなる。

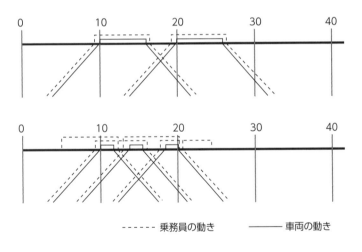

‐‐‐‐‐‐ 乗務員の動き　　　――――― 車両の動き

【図6.16】列車と乗務員が一緒に動く運用（上）では、折り返しの際に乗務員が移動する時間がかかる。乗務員が１本あとの列車に乗務する「一段落とし」にすると、折り返し時間の短縮が可能（下）

7章
ダイヤの乱れと運転整理

世界的に見て、日本の列車は「遅れない」といわれる。それでも、さまざまな原因で時刻表どおりに走らないことがある。遅延が発生したら当然、ダイヤを回復させ、通常運行に戻さなければならない。その方策を見ていこう。

「ダイヤ乱れ」は なぜ、起きてしまうのか?

俗にいう「ダイヤの乱れ」とは、列車が所定のダイヤどおりに走らない、あるいは走れなくなった状況を指す。

といっても、その原因はさまざまだ。まずは、遅延や運休が発生する原因から話を始めてみたい。

原因❶ 利用客の乗降に時間がかかる

朝夕のラッシュ時に遅延が発生することがある。その原因の多くは、乗降に時間がかかりすぎること。

もちろん、ダイヤを作成する際には、「この駅では乗降にこれぐらいの時間がかかるだろう」と予測して停車時間を設定しているが、その予測を上回ってしまうことがある。単純に利用者が多かったから、ということもあるが、それだけとは限らない。

かつて、ある鉄道会社では「ひと雨10分」という言葉があった。雨が降ると、駅ホームのうち、屋根が設置されているところに乗客が集中するので、そこで乗降のための押し合いへし合いが発生する。10両分のホームのうち、6両分に屋根があるとした場合、10両分の乗客がその6両に集中して押し合いへし合い……となれば、当然ながら遅延が起きてしまう。

また、ローカル線で一般化したワンマン列車では、降車時の運賃収受に時間がかかって遅延することもある。

　筆者も実際にその様子を見た経験がある。ガラガラで走っていた列車に、ある駅でいきなり人員のツアー客が乗りこんできて、単行の気動車が満員になってしまった。
「事前に団体乗車券を手配しておけばいいのに……」とも思ったが、そのあたりの段取りが悪かったようだ。

　そして、段取りの悪さゆえに、降車の際にツアーの添乗員と運転士があれこれやり取りすることになった結果、運賃収受に時間がかかり、遅延につながった。

　また、すでに車内が混雑しているところに、さらに多数の乗客が乗りこんでくると、まず乗りこむだけで手間どってしまう。車内が混雑していると、降車のために最前部の扉まで移動するにも手間がかかり、これもまた遅延の原因をつくる。

【図7.1】乗降に手間どるのは、都市部のラッシュだけとは限らない。ワンマン運転のローカル線では、乗客が多いと乗降や運賃収受に手間どり、遅延の原因をつくることがある

このほか、不可抗力に類するものとしては、車内で体調を崩した乗客がいたために、救護活動を行なう事例もある。もともと停車することになっている駅で降ろすだけでなく、本来は通過する駅に臨時停車する場面もある。

原因❷ 車両との接触や衝突事故

ダイヤ乱れが発生する外的な要因としては、踏切での接触・衝突事故や、動物との接触・衝突、そして駅ホームでの触車事故などがある。

ことに近年、北海道では毎日のように列車と鹿が接触したり衝突したりしているし、ときには熊と衝突することもある。筆者自身、自分が乗っていた列車が「人身事故」ならぬ「鹿身事故」を起こした経験は何回もある。

単に、衝突して車体や排障器がへこむぐらいならまだしも、走行やブレーキにかかわる機器が損傷したら問題だ。だから、事故発生後、車両に問題がないかどうかを確認する作業には相応の時間を要する。

そして、はねられた動物のほうも問題になる。ケガしたぐらいなら「かわいそうに」で済むが（？）、線路上に死骸が載ったままでは列車を走らせることができないから、どかさなければならない。

最悪といえるケースは、熊と衝突し、その熊が生きていた場合。乗務員は外に出られなくなるので、ハンターを呼ぶ必要があり、長時間の足止めが発生してしまう。

原因❸ 悪天候や自然災害

強風は転覆事故の原因になるし、大雨が降れば土砂崩れ

で線路を埋められたり路盤が崩壊したりする。そして、地震については言わずもがなだ。こうした自然災害が発生した場合には、遅延や運転見合わせが発生しやすい。

　強風の場合には風速を基準として、減速させたり運転を見合わせたりする。降雨なら、雨量が規制値を超えると運転見合わせとなる。

　積雪の場合には、少々の雪なら列車がみずから雪を蹴散らしながら走ってしまうが、それでは済まない量だと除雪車を出さなければならない。そのあいだ、営業列車は待たせておく必要がある。

　降雪に起因するトラブルとして、分岐器の隙間に雪氷が入りこんで動かなくなる「分岐器不転換」がある。車両の床下にこびりついた雪塊が落下してバラスト（砕石）を撥ね飛ばし、窓ガラスを割るような事故も起きる。

【図7.2】大雪で埋まってしまった石勝線の滝ノ上駅（2024年3月に廃止）。こうなると、まず除雪しなければ列車を動かすことができない

地震は予告なしにいきなり発生するが、地震の発生を検知したら、まずは列車を止める。それから線路の安全を十分に確認してから運転再開となるのが一般的だが、係員が徒歩で巡回して安全確認することになれば、相応に時間がかかる。

原因❹ 使える車両の不足と車両故障

　遅延や運転見合わせなどといったダイヤの乱れが発生すると、運用が所定どおりに回らなくなる。

　すると何が起きるかというと、「列車を出すために必要な車両がない」という事態だ。6章「同じ運用の列車が運休してしまうと…」（171ページ参照）で具体例を挙げた。

　また、車両が故障して使えない場面もあり得る。実際、「車両トラブルに起因する遅延や運休」はときどき起きている。

　このほか、車両があっても、それが使えないことがある。鉄道車両は決められた間隔で決められた内容の検査を行なわなければならないが、その検査の期限を過ぎてしまった場合だ。

　たとえば、「A駅とB駅のあいだで線路支障があって何日間か列車の運行ができなくなり、車両がA駅で足止めされた」という状況を想定してみよう。

　その車両が足止めされているあいだに検査期限を過ぎてしまうと、検修担当者が足止めされた現場に出向き、所定の検査を行なわなければ動かすことはできない。こうなると、代わりの予備車が手元にない限り、運休が発生してしまう。

原因❺ 接続待ち

　一般的には、遅れが波及するのは同じ路線・同じ系統の
なかでのことだ。ところが実際には、直接的には影響しな
いはずの他の路線・他の系統にも遅れが波及することがあ
る。その原因は「接続待ち」にある。

　異なる路線・系統のあいだで乗り換え客が多い場合、一
方の列車が遅れた際に、相手の列車が所定時刻で出発して
しまうと、乗客が取り残される。

　それが運転本数が多い都市部の通勤電車ならともかく、
接続をとらないとまずい場面も多い。運転本数が少ない路
線や、接続が前提となっている特急列車同士、在来線特急
と新幹線の組み合わせ、終列車同士などだ。

　実際、北陸新幹線の運行情報を見ていると、上りの「は
くたか」や「つるぎ」が、「在来線特急の接続待ちのため遅
れています」となる場面が散見される。大阪からの「サン
ダーバード」、名古屋・米原からの「しらさぎ」が何らかの
事情で遅れた場合、それらの列車から「はくたか」「つる
ぎ」に乗り換える乗客を待たなければならないからだ。

　といっても限度はある。こういうときはあらかじめ、
「何分程度までなら待つ」と決めておき、それを超える遅
れになった場合には、接続元となる列車の到着を待たず
に、接続を受ける側の列車を出してしまう。

　そして、遅れた列車に乗っている乗客に対しては、「後
続列車へのご案内」とするのが一般的な対応だ。そうしな
いと、遅れが広い範囲に波及してしまう。ときには、後続
列車ではなく、特発を出す場面もあるようだ。

【図7.3】敦賀駅で新たに登場した、新幹線と在来線特急の乗り換え。片方の遅延に起因する他方の接続待ちは、しばしば発生している

【図7.4】西九州新幹線は武雄温泉でリレー特急と対面乗り換えを行なうかたちだが、まとめて1本の列車として扱っている。かくして、側面の行先表示は写真のとおり

遅延の波及を
食い止める方法

　遅延が発生すると、その遅れが他の列車に波及することが多い。その理由と対処についてまとめてみたい。

遅延が他の列車に波及するメカニズム

　まず、同方向に複数の列車が続いて走っている場合。先頭を走っている列車が遅れれば、あとに続く列車は「頭を押さえられた」格好になるので、必然的に巻きこまれて遅れてしまう。

　次に、単線区間の場合、途中の駅で対向列車との行き違い（交換）を行なうが、交換相手の列車が遅れた場合にどうするか。

　一般的なのは、相手の対向列車が来るまで待つ方法。ただし、遅れた列車だけでなく、交換相手の列車も待たされることで遅れてしまう。当然、遅れは波及する。

　では、次の交換可能駅まで先行する方法はどうか。遅れている相手の列車が来る前に、次の交換可能駅までたどり着ければよいが、それができないと、次の交換可能駅で相手の列車を待たせておく必要がある。そうしないと、本線上で「お見合い」になり、身動きがとれなくなる。だから、先行させるかどうかの判断は難しい。

　優等列車が各駅停車を途中で追い越すダイヤになっている場合にも、遅れが波及する。各駅停車が遅れれば、待避

駅に逃げこむタイミングが遅れるから、あとから追いかけてきた優等列車は頭を押さえられて遅れが波及する。優等列車が遅れると、各駅停車は待避駅で待ちぼうけになるので、こちらにも遅れが波及する。

　このように、遅れが遅れを呼んで影響が広がっていくので、遅れに起因するダイヤの乱れを元に戻そうとすれば、どこかでその波及を断ち切らなければならない。

　鉄道ダイヤこぼれ話──────────

遅延後の判断が難しいJR東日本の新幹線

　JR東日本の新幹線は、東北新幹線・上越新幹線・北陸新幹線の3系統がメイン。

　ところがこの3線、東京〜大宮間は同じ線路を共用しているし、大宮〜高崎間でも上越新幹線と北陸新幹線が同じ線路を共用している。

　すると、この3系統のいずれかで遅延が発生した場合、線路を共用している他の路線にも遅れが波及する可能性が出てくる。理屈のうえでは、東北新幹線の上り列車が遅れた結果として、北陸新幹線にも影響が及び、遅延が金沢や敦賀まで波及する可能性もあるわけだ。

　もちろん、そんなことにならないように指令所で輸送指令が頑張って運転整理にあたるのだが、「遅れを波及させないために、どの列車をどういう順番で出すか」を判断するのは難しい仕事になる。

方法❶ 相互乗り入れを中止して、折り返し運転に

　ここまで述べたような事情から、自社線内だけでも遅れが遅れを呼んで、影響が広がっていくことが多い。ましてや、複数の社局同士で相互直通運転を行なっている場合には、乗り入れ相手の路線に遅れが波及してしまう。

　近年、相互乗り入れによって広い範囲をカバーするネットワークを構築する事例が増えてきた。その半面、関東を例にすると、埼玉県や栃木県や群馬県で発生した輸送障害の影響が神奈川県にまで波及する——ということも起こり得る。

　そこで、輸送障害が発生した際には相互乗り入れを中止して、それぞれ自社線内での折り返し運転に切り替えるのが一般的な対応となる。ＪＲ東日本の湘南新宿ラインや上野東京ラインであれば、本来なら直通しているところを、途中駅、たとえば東京駅や新宿駅での折り返し運転に切り替える。

　この場合、折り返し運転の境界となる駅に着いた列車は、本来なら反対側から乗り入れてくる直通列車のスジに乗せて折り返させると、影響は最小限で済む。こうすることで、少なくとも乗り入れ相手の他社局あるいは他線にまで迷惑が及ぶ事態は抑制できる。

方法❷ 運転間隔の調整で遅延拡大を抑える

　先行列車の遅れが後続列車の遅れを呼ぶのは致し方ないにしても、その波及をできるだけ抑えたい。そんなときに登場するのが「運転間隔の調整」。

ある列車が遅れたときに、その列車より先行している列車が所定時刻のままでどんどん先に行ってしまうと、両者の間隔が開く。するとその分だけ、途中駅のホームには乗車待ちの乗客が多く滞留する。

　結果として何が起きるかというと、より多くの乗客が押し合いへし合いすることになり、乗降に手間どって遅れを増やす可能性がある。

　そこで、列車同士の間隔をできるだけ平準化するため、所定時刻で走っている先行列車を、途中駅で少し長く停車させて意図的に遅らせる。こうすることで後続列車との間隔を縮めて、乗客の滞留を抑える。それにより、その後の回復を容易にしようと目論むわけだ。

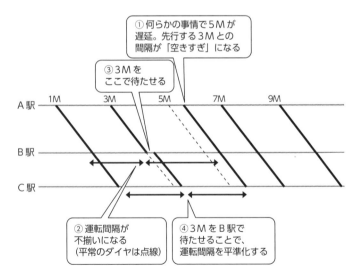

【図7.5】運転間隔調整のイメージ。近年、鉄道事業社がこの手法について、積極的に広報するようになってきた

【図7.6】JR東日本の首都圏エリアでは、乗務員から見える場所に出発時機表示器を設置して、抑止や延発、遅らせた場合の発車タイミングなどを伝達している

方法❸「タイムリートレイン」で利用者を救済する

　遅れの波及抑制というよりも利用者の救済だが、俗にいう「タイムリートレイン」が出現することがある。

　たとえば東海道新幹線において、下りの博多行き「のぞみ」が大きく遅延したとする。そのままでは、当該列車を待つ利用者が各駅に滞留してしまう。

　そこで予備の車両と乗務員を出して、新大阪から当該列車と同じ時刻で特発を走らせるわけだ。

　次ページの【図7.7】は、３Mが何らかの事情で遅れたという状況を想定している。そこで途中のB駅から、本来の３Mのスジに乗せて特発を出す。列車番号がかぶると具合が悪いので、こちらは臨時を意味する9003Mとした。B

〜C駅間の旅客から見れば同じ３Мに見える。

　一方、遅れてきた本来の３Мは、そのまま走らせる場合と、Ｂ駅で運転を打ち切る場合が考えられる。

　ただし、特発を出すには、出発させる駅ないしは、その近くに車両と乗務員の基地があり、予備の車両と乗務員を引っ張り出さなければならない。

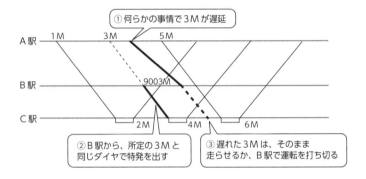

【図7.7】タイムリートレインのイメージ。3Мが遅延したときに、途中駅から3Мのスジに乗せて9003Мを出す設定とした

遅れを取り戻し、ダイヤを回復させる方法

遅延の〝延焼〟を防いだら、次は〝火消し〟。すなわち遅延の回復と所定運行への復帰である。

遅れが発生した列車では、まず遅れを取り戻すための努力を行なう。それがうまくいき、所定の時刻に戻すことができれば、影響は最小限で済む。では、どのようにして遅れを取り戻すのか？

方法❶ 時間や最高速度の「余裕」を使う

余裕時間については、すでに3章の「余裕時間を設定して遅延を解消する」で取り上げた（79ページ参照）。

ダイヤを作成する際には、駅間の走行にかかる所要時間と駅での停車時間に若干の余裕時間を上乗せしているから、それを回復に充（あ）てる。単純に考えると、余裕時間が2分あれば、2分の遅延までは取り戻せる。

また、優等列車では最高速度に余裕を持たせておく方法もある。

かつて北越急行（ほくえつ）で特急「はくたか」が走っていたとき、額面上の最高速度は160km/hだが、実際には155km/h程度で走れば時刻どおりに走れるようにしていた。もしも遅延に見舞われた場合には、残る5km/hの余裕を活（い）かして、ふだんより少し速く走って回復に努めるわけだ。

ただし、160km/hを超過すると「事故」扱いになってし

まうので、これは厳守しなければならない。

新幹線でも、ふだんは最高速度に対して少し余裕を持たせた速度で走り、遅延回復時にギリギリの速度で飛ばす場面があるようだ。

方法❷ 停車時間を詰める

列車の所要時間は「走っている時間」と「停車時間」と「余裕時間」の合計だから、「停車時間」を詰める手も考えられる。

都市部の通勤電車では、車掌がホームの状況を見ながら発車サイン音を鳴らして乗降をうながし、乗降が終わるタイミングを見計らってドアを閉める。

そこで、遅れたときには少し早めに発車サイン音を鳴らして乗降をうながすことで、停車時間を詰める可能性を期待できる。

つまり、運転士は駅間走行時に遅延を取り戻そうと頑張り、車掌は駅停車時に遅延を取り戻そうと頑張るわけだ。遅延の回復は運転士と車掌の連係プレーでもある。

また、もともと停車時間に余裕がある場合には、そこで停車時間を詰めて遅れを取り戻す手もある。

方法❸ 折り返し時間を詰める

ある列車が終着駅に着いたら、その車両は折り返して逆方向の列車に充てることが多い。

その際、運転士と車掌はそれぞれ反対方向の車両に移動しなければならないから、そのための移動時間を見込む必要がある。

　また、特急列車や新幹線では車内整備の作業が入るので、そのための時間も確保しなければならない。

　こうして折り返しのために必要な時間が決まるが、その折り返し時間を詰める方法もある。

　あるいは、意図的に折り返し時間に余裕を持たせておいて、ダイヤが乱れた際に（ある程度までは）遅延を吸収できるようにする手法もある。

方法❹ 後続列車のスジに付け替える

　全列車が各駅停車でスジが揃っている、都市部の通勤電車であれば、見た目の運行だけ所定に戻すために後続列車のスジに付け替える手がある。

　たとえば【図7.8】のように、5分間隔で電車が走っていて、そのうち3011G列車が4分遅れたとする。そのあと

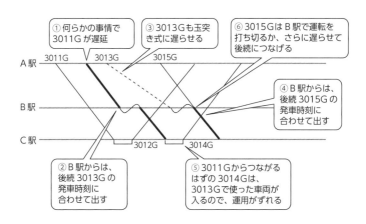

【図7.8】遅延列車を後続列車のスジに付け替えるイメージ。玉突き式に付け替えるか、どこかで打ち切って平常運行に戻すかの判断は、場合による

からは後続の3013G列車が追いかけてきている状況だ。

　こんなときは、遅れた3011G列車を途中駅から、3013G列車のスジに乗せて走らせることがある。以後も玉突き式に、1つずつ後ろの列車のスジに付け替える。

　こうすると車両運用と列車の整合はとれなくなるが、乗客の目から見れば、列車は時刻どおりに来ているように見える。

　ただし、1つ問題がある。それは、一部の列車が途中駅止まりになっていたらどうするか、ということ。そうなると、折り返しの変更を行なう必要があるかもしれない。

方法❺ 途中駅で運転を打ち切る

　ダイヤの乱れが発生したときに、「この電車は○○行きですが、本日に限りまして△△行きとなります」という案内放送が入ることがある。これは、ダイヤの乱れを収束させるために、途中駅で運転を打ち切って折り返させる場合に発生する。

　たとえば、終点まで行って折り返すのが所定であっても、遅れが生じると、折り返し列車の発車時刻に間に合わなくなる。そこで途中駅で運転を打ち切って折り返しを行ない、本来、折り返しによって充当されるスジに乗せて返す（次ページ【図7.9】参照）。

　こうするとダイヤの乱れと運用の乱れを最低限にとどめることができるが、運転打ち切りになった駅と終着駅のあいだでは列車本数が減ってしまう。その区間の利用者が少なければいいが、利用者が多いと、混雑の原因になって新たな遅延を呼ぶリスクはある。

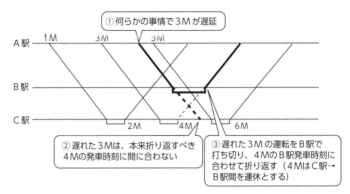

① 何らかの事情で3Mが遅延

② 遅れた3Mは、本来折り返すべき
4Mの発車時刻に間に合わない

③ 遅れた3Mの運転をB駅で
打ち切り、4MのB駅発車時刻に
合わせて折り返す（4MはC駅→
B駅間を運休とする）

【図7.9】遅れた列車を途中駅で打ち切って、所定のスジに乗せて戻すイメージ。運用はずれないが、来るはずの列車が消滅する区間が発生する

　そのバリエーションで、折り返しの組み合わせを変える手法もある（次ページ【図7.10】参照）。これは、折り返しが行なわれる終着駅に別の車両がいて、それを先に出せる場合に実現できる手法。ただし、運用が計画どおりに回らなくなる点に留意しなければならない。

　たとえば、下り3Mが到着したら、折り返して4Mとして戻る運用になっていたとする。そこで3Mが遅れて4Mに間に合わないとなったら、先着している別の車両、あるいは車両基地から引っ張り出した予備車を4Mに充てて送り出す。

　そして、遅れて到着した3Mの車両は、代わりに入庫させてしまう。こうすれば、上り方向の4Mは所定時刻で出せる。

　到着した列車が直ちに折り返すのではなく、1本おいて折り返す場合にも、使える車両が余分にあるわけだから、この手が使える。

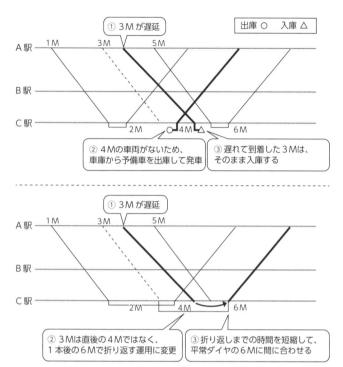

【図7.10】上は、折り返しが間に合わなくなったときに車両基地から予備車を出して間に合わせる場合のイメージ。下は、もともと直後ではなく1本あとの列車で折り返すようにして、その余裕で遅延を吸収する場合のイメージ

【図7.11】運行管理システムからの情報で、発車標に遅延の情報を表示する場面が増えた。その裏では、輸送指令が運転整理に追われている

ダイヤの回復のみでは
「通常運行」とはいえない

　ここまで述べてきたとおり、さまざまな手法を駆使して乱れたダイヤを元に戻そうとするのだが、運行が所定ダイヤに戻っても、それだけでは話は終わらない。

　えてして、「運行は所定どおりでも運用は所定と違う」ということになる。すると今度は、運用を元に戻す作業が必要になる。

「運用の回復」とは何か？

　先にも述べたが、本来、車両と列車の関係を示す運用は、事前に計画を立てて、そのとおりに回すものである。そうしないと検査の計画を立てられないし、車型や編成両数が予定と違うようなことも起こってしまう。

　また、特急列車では車内設備の不整合も起こり得る。グリーン車の連結が予定されている列車で、運用変更の結果としてグリーン車がない編成が来たら、グリーン券を買っていた乗客が迷惑する。

　こうした事情があるので、予定と違ってしまった運用を元に戻すプロセスが必要になる。

　1日の終わりに、すべての車両が1つの車両基地に集結するのであれば、まだ話は簡単だ。すべての運用が朝の車両基地からの出庫で始まるのだから、その段階で調整可能である。

しかし、それができるのは路線が１つしかない中小私鉄ぐらいのもの。ＪＲの幹線や大手私鉄では車両基地や留置線がいくつもあり、分散して夜を明かすことが多い。

　また、地下鉄では他社局と相互乗り入れを行なうことが多いから、乗り入れ先の路線にある車両基地を間借りして夜明かしするケースもある。すると、一夜にしてサッと運用を戻すのが困難になり、ときには何日もかけて戻していくこともある。

相互直通運転中の車両が行方不明に！

　規模が大きい相互直通運転を行なっていると、乗り入れ先まで車両が「遠出」をすることになる。

　すると、神奈川県内に車両基地を置いている民鉄の車両が、埼玉県の奥深くまで乗り入れるようなことも起こる。そこでダイヤの乱れが発生すると、どうなるか。

　運用が所定どおりに回っていれば、「うちの社の車両は○○運用に入るから、現在は、その運用の一部となる△△列車で走っているな。現在位置はこのあたりだな」というように把握することができる。

　ところがダイヤの乱れが発生し、運用も所定どおりに回らなくなると、車両の所在をつかむことが難しくなる。

　すると、運行管理を司っている指令所に対して、検修部門から「うちの○○編成は検査期限が近いので車庫に戻さなければならない。今、どこにいるのかわからないので探してほしい」と要望が来ることがあるそうだ。

　ただ、所在がわかっただけでは話は半分しか終わっておらず、次は車庫へと戻さなければならない。

　このとき、営業列車に充当して戻すことができれば話は
簡単なのだが、それはまた新たな運用変更を呼んでしまう。そこで、終電後に回送列車を仕立てて戻すこともある
そうだ。

車両交換による運用調整とは

　営業列車を所定ダイヤで走らせながら運用を元に戻す際
の手法の1つに「車両交換」がある。

　一般的に、1つの列車は1つの車両、または1つの編成
が最初から最後まで走るものだが、それが所定の運用と異
なる車両になることがある。たとえば、A社とB社が相互
乗り入れを行なっており、通常はA社の車両を充てること
になっている2001列車にB社の車両が入ったというよう
なケースだ。

　そのまま運用表どおりに走らせ続けると、いつまでたっ
ても元には戻らない。そこで、当該運用の車両を途中で取
り換える。終着駅に車両基地が隣接していれば話は比較的
簡単で、駅で折り返すはずのB社の車両を車両基地に取り
こみ、用意しておいたA社の車両を代わりに出せば、運用
は元に戻る。

　しかし、車両基地が終着駅に隣接しているとは限らな
い。途中駅に車両基地が隣接している場合に、車両交換と
いう手を発動することがある。つまり、B社の車両を充当
している2001列車が車両基地のあるC駅に到着したとこ
ろで、隣のホームにA社の車両を用意しておき、乗客には
そちらに乗り換えてもらう。

　そしてA社の車両が、C駅から先、2001列車のスジで走

る。乗客を降ろしたＢ社の車両は車両基地に取りこむかたちになる。

これらは、運用と所属社局の不整合を解消する場合の話だが、同じ社局のなかでも、「本来、その運用に入るはずではない車両」を「本来、その運用に入るはずの車両」と取り換える場面で車両交換を行なうというケースはあり得るだろう。

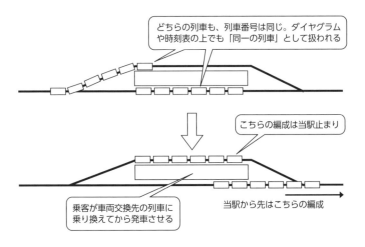

どちらの列車も、列車番号は同じ。ダイヤグラムや時刻表の上でも「同一の列車」として扱われる

こちらの編成は当駅止まり

乗客が車両交換先の列車に乗り換えてから発車させる

当駅から先はこちらの編成

【図7.12】車両交換を行なうときは、同じホームの両側に交換前の編成と交換後の編成をつけて、乗客に乗り換えてもらう

索引

【数字・記号】

1時間目ダイヤ ‥‥‥‥‥‥‥‥‥14
1線スルー ‥‥‥‥‥‥‥‥‥‥‥92
1分目ダイヤ ‥‥‥‥‥‥‥‥‥‥14
2分目ダイヤ ‥‥‥‥‥‥‥‥‥‥14
10分目ダイヤ ‥‥‥‥‥‥‥‥‥‥14

【あ】

一段落とし ‥‥‥‥‥‥‥‥‥‥196
運行番号 ‥‥‥‥‥‥‥‥30-33,165
運転間隔 ‥‥56,77,96,107-108,124
運転間隔の調整 ‥‥‥‥‥‥207-208
運転曲線 ‥‥‥‥‥‥‥‥‥64-66,85
運転整理 ‥‥‥‥‥‥‥‥130,206,216
運転停車 ‥‥‥‥‥‥‥‥133-134,141
運用番号 ‥‥‥‥‥‥‥‥‥‥165,170
御召列車 ‥‥‥‥‥‥‥‥‥‥‥17,22

【か】

回送列車 ‥‥‥‥22,117,182,185,219
隔駅停車 ‥‥‥‥‥‥‥‥‥‥‥118
影スジ ‥‥‥‥‥‥‥‥139-142,144
加減速性能 ‥‥‥‥‥‥67,69,82-83,89
加速度 ‥‥‥‥‥‥‥‥‥‥‥68,82
貨物列車 ‥‥‥‥‥‥17-18,22,24,133,
　　　　164,172-173,186-187,192
緩急結合 ‥‥‥‥‥‥‥101,107,109
カント ‥‥‥‥‥‥‥‥‥‥‥90-91
冠発時刻方式 ‥‥‥‥‥‥‥30-31
起動加速度 ‥‥‥‥‥‥‥‥‥83
基準運転時分 ‥‥‥‥‥‥64,66,85

季節列車 ‥‥‥‥‥‥20-21,29,34,137,
　　　　139,144,177
基本編成 ‥‥‥‥‥‥‥‥‥‥‥150
共通運用 ‥‥‥‥‥‥‥‥‥‥‥106
曲線通過速度 ‥‥‥‥‥‥‥‥80,90
系統分断 ‥‥‥‥‥147-148,154,159,
　　　　176,179
減速度 ‥‥‥‥‥‥‥‥‥‥68,82-83
交換 ‥‥‥‥‥‥12,22,77,108,125,
　　　　132-134,141,205
交換可能駅 ‥‥‥‥‥‥‥‥108,205
交互発着 ‥‥‥‥‥‥‥‥‥‥77-78
甲種鉄道車両輸送 ‥‥‥‥‥24-25
構内作業 ‥‥‥‥‥‥‥‥‥‥191
構内作業ダイヤ ‥‥‥‥‥‥‥192
勾配 ‥‥‥‥‥‥64-65,68,70,80-81,
　　　　84-86,193
御乗用列車 ‥‥‥‥‥‥‥‥‥‥17
混合列車 ‥‥‥‥‥‥‥‥‥‥‥17

【さ】

サイクル ‥‥‥‥‥‥‥‥‥‥59,166
作業時間帯 ‥‥‥‥‥‥‥‥135-136
試運転列車 ‥‥‥‥‥‥‥‥‥24,26
試験列車 ‥‥‥‥‥‥‥‥‥‥142
車両運用行路表 ‥‥‥‥‥‥173-174
車両運用順序表 ‥‥‥‥‥‥170,180
車両基地 ‥‥‥‥22,24,37,46,182-183,
　　　　187-192,215-220
車両交換 ‥‥‥‥‥‥‥‥‥219-220
ジャンパ連結器 ‥‥‥‥‥‥‥152
準混合列車 ‥‥‥‥‥‥‥‥‥‥17

徐行 ·····························68
信号保安システム ············15,125
スジ ·················14-15,21,26,36,
　　　50-51,64,66,88,106-107,
　　　129-130,132,137,139-144,
　　　152,173,183,207,209-210,
　　　213-215,219
スルー運転 ······················155
制限速度 ···························64
線形 ·····························67
線路容量 ·····················117,143
増結 ··················48,50,152-153
増解結 ························48,54
相互直通運転 ·······31,53,60,132,
　　　154,169,207,218
相互乗り入れ ··········33,162,207,
　　　218-219
相互乗り換え ···············108,111
速達列車 ·····51,58,88,97,103,113,
　　　133
速度種別 ·····················84-86

【た】
待避 ········13,51,58,77,94,96-97,
　　　107-113,129,132-133,
　　　140-141
待避駅 ·········82-83,110,113,129,
　　　140,205-206
待避可能駅 ···········108-109,129
ダイヤ改正 ········22,44,61,98,118,
　　　131,134,154
タイムリートレイン ············209-210
ダイヤグラム ··················13,66
多層建て列車 ·····················54

単線 ··········15,48-49,55,58,60,
　　　77,108,124-126,129-133,
　　　141,205
団体臨時列車 ·········122,141,185
千鳥停車 ··························102
定期列車 ·········20,24,30,34,177
土休日ダイヤ ···············20,45,52
特発 ·············145,203,209-210

【な】
荷物列車 ·····················17-18
能生騒動 ··························134
ノンストップ ······97-98,103-104,117

【は】
配給列車 ·····················24-25
排雪列車 ·····················22-23,40
ハコダイヤ ·····················174,180
パターンダイヤ ·····················57
ヒゲ ·····························16
表定速度 ·······················80-81
複線 ··········15,124,129-132,141
複線化 ····························130
複々線 ·····················15,130-132
副本線 ·······················110,129
付属編成 ·······················150,152
分割併合 ··························54
併結 ···29,33,35,54,72,156,164,195
平行ダイヤ ·····················113-114
平日ダイヤ ···················20,45,52

【ま】
マイナス接続 ·····················57
間引き ·······················138-139
盛りスジ ·····················140-141

【や】

輸送需要 ········· 42-43,48,50,100,
　　　　131,146,149,151,157,184
輸送力 ············42,45-46,48-50,
　　　　147,150,156
予備車 ········166,178,202,215-216
余裕時間 ········53,79,131,211-212

【ら】

ランカーブ ···························64
留置線 ············185,189-190,218
旅客列車 ·······················17,115
臨時列車 ······20-21,23,29,34,116,
　　　　137,139-141,143-144,
　　　　185
列車運行図表 ·····12-17,36,64-65,
　　　　174
列車種別 ·············59,96,115-118
列車番号 ········28-34,37,139,144,
　　　　165,209,220

井上孝司 いのうえ・こうじ

1966年、静岡県生まれ。99年にマイクロソフト株式会社（当時）を退職して著述業に転じる。現在は、得意の情報通信系や先端技術分野を主な切り口として、鉄道・航空・軍事関連の著述活動を行なっている。著書は、『図説 鉄道配線探究読本』（小社刊）のほか、『配線略図で広がる鉄の世界』『車両基地で広がる鉄の世界』『ダイヤグラムで広がる鉄の世界』（以上、秀和システム）など多数。『新幹線EX』（イカロス出版）をはじめ、雑誌への寄稿にも注力している。

鉄道ダイヤ探究読本

二〇二四年七月二〇日　初版印刷
二〇二四年七月三〇日　初版発行

著　者——井上孝司

企画・編集——株式会社夢の設計社
〒一六二-〇〇四一　東京都新宿区早稲田鶴巻町五四三
電話（〇三）三二六七-七八五一（編集）

発行者——小野寺優

発行所——株式会社河出書房新社
〒一六二-八五四四　東京都新宿区東五軒町二-一三
電話（〇三）三四〇四-一二〇一（営業）
https://www.kawade.co.jp/

DTP——アルファヴィル

印刷・製本——中央精版印刷株式会社

Printed in Japan ISBN978-4-309-29417-9

本書についてのお問い合わせは、夢の設計社までお願いいたします。